绿色隧道建造技术著作丛书

隧道照明节能技术与实践

黄 俊 李志远 李大鹏 季红玲 著

科学出版社
北京

内 容 简 介

本书针对隧道照明节能技术展开系统论述，详细阐述了城市隧道照明节能的背景与意义，对城市隧道以及城市隧道照明节能技术的发展进行了系统阐述，通过对驾驶员视觉、心理、生理特性、眩光及其影响机理的分析，给出了城市隧道照明节能的理论依据及具体的照明节能技术，并且列举出了隧道照明节能技术在具体工程中的应用案例，以期对读者了解隧道照明节能技术及解决实际应用中产生的问题有所帮助。

本书适合隧道工程设计、施工和管理人员，照明和节能专业的相关从业人员阅读，也可供隧道照明节能设计、施工与高校相关专业师生参考。

图书在版编目（CIP）数据

隧道照明节能技术与实践/黄俊等著. —北京：科学出版社，2021.11
(绿色隧道建造技术著作丛书)
ISBN 978-7-03-068852-1

Ⅰ. ①隧⋯ Ⅱ. ①黄⋯ Ⅲ. ①隧道-节能-照明技术 Ⅳ. ①U453.7

中国版本图书馆 CIP 数据核字（2021）第 095349 号

责任编辑：姚庆爽 / 责任校对：崔向琳
责任印制：吴兆东 / 封面设计：蓝正设计

科学出版社 出版
北京东黄城根北街 16 号
邮政编码：100717
http://www.sciencep.com

北京中石油彩色印刷有限责任公司 印刷
科学出版社发行 各地新华书店经销

*

2021 年 11 月第 一 版　开本：720×1000　1/16
2022 年 11 月第二次印刷　印张：11 3/4
字数：230 000
定价：98.00 元
（如有印装质量问题，我社负责调换）

丛书编委会

主　任：黄　俊

顾　问：钱七虎　陈湘生　缪昌文

副主任：陈志龙　张顶立　李晓昭　袁大军

委　员：李大鹏　张海军　黄富民　冷嘉伟
　　　　　郭志明　沈　阳　徐　建　蒋　刚
　　　　　昌　盛　姚占虎　闫立胜　张志飞
　　　　　周永军　郑　暄　徐志胜　李志来
　　　　　侯立勋　史培新　张成平　姜裕华
　　　　　孙　立　肖　剑　王登云　庄值政
　　　　　刘继兵　敖　辉　高才驰　于　淼
　　　　　牛晓凯　房　倩　何　瑶　邢冬冬
　　　　　马　波　浦春林　施　展　董盛时
　　　　　潘建立　李海光　丁文娟　吕勇刚
　　　　　燕　翔　王剑宏　张忠宇　董　飞
　　　　　赵　光　李志远　季红玲　杨　奎
　　　　　李　奥　莫振泽　靳永福

序　一

十八大以来，党中央把生态文明建设和绿色发展提到新的战略高度，党的十八届五中全会更是把"绿色"列入中国国家建设发展的五大理念之中。中国的绿色发展正在进入世界绿色发展的先进行列。

地下空间是一个巨大而丰富的空间资源，对其进行合理开发利用能够促进我国的绿色发展。建设城市地下空间，是转变城市发展模式、治理"城市病"、建设绿色城市的主要着力点，城市建设向注重内涵的集约绿色可持续发展模式转变。

把城市交通尽可能转入地下，可以实现土地多重利用，提高土地综合利用率。在城市局部核心商务区或大型集中居住区，城市隧道不仅发挥着缓解交通拥堵的作用，还改善了中心城区地面景观及步行环境。随着城市建设规模和品质的不断提升，城市隧道在长度、宽度和维度上出现了新的发展需求，地下环路、地下互通、公路-铁路两用隧道等成为城市地下空间发展的热点。近年来城市隧道爆发式增长，在建设和运营中的节能、环保等问题日益突出，绿色隧道建造技术的研究与应用迫在眉睫。

该系列丛书从隧道的装配式建造、噪声控制、通风环保、照明节能、智慧化管养、新能源利用等方面阐述了绿色隧道的建造理念和方法。绿色隧道的建设不是一蹴而就的，唯有持之以恒、久久为功。因此，需要我们坚持世界眼光，积极利用城市地下空间，加强和保护城市生态环境，实现城市更好的绿色发展。该系列丛书的出版，将为我国绿色隧道建造起到积极的推动作用，为广大工程技术人员提供参照。

中国工程院院士　钱七虎

序 二

生态文明建设是关系中华民族永续发展的根本大计,"生态兴则文明兴,生态衰则文明衰。"中共中央政治局审议通过的《生态文明体制改革总体方案》指出,人与自然是生命共同体,强调要树立尊重自然、顺应自然、保护自然的理念,要加快生态文明体制建设,建设美丽中国。

我国于 2006 发布的《绿色建筑评价标准》(GB/T50378)中首次提出了绿色建筑的概念,并进行了一系列技术研究和工程应用,"十二五"期间完成新建绿色建筑 10 亿 m^2,取得了丰富的成果。随着城市化进程不断加快,快速交通和绿色交通要求日益提高。隧道在城市交通建设中体现出极大的优越性,越来越受政府和百姓的青睐,建设规模和体量呈爆发式增长。隧道越修越长、断面越修越大、地下空间利用形式越来越复杂,传统的建设理念与交通出行的安全、舒适性之间矛盾凸显。隧道建设中要求对交通疏解、地下水流失、地基变形和周边建筑物的影响降到最低,同时,实现隧道内的车、人安全舒适,周边环境影响小,养护成本可控的节能、环保指标,形成绿色隧道建造技术。

该系列丛书从"绿色建筑"出发,通过对其内涵的理解及发展理念的深入分析,结合目前隧道实际需求与发展状况,提出了"绿色隧道"概念。丛书包含《绿色隧道建造技术》《隧道噪声控制环保技术与实践》《隧道照明节能技术与实践》及《隧道装配式绿色建造技术》等分册。针对隧道在设计、施工、运营、维养等阶段的关键问题,从隧道的装配式建造、噪声控制、通风环保、照明节能、智慧化管养、新能源利用等方面分析了绿色隧道的技术发展水平,并结合其特征要素进一步提出了绿色隧道的发展方向,为初步构建绿色隧道基本框架体系提供了有益参考。

中国工程院院士 陈湘生

前　言

　　进入21世纪以来，随着国民经济的快速发展，隧道建设进入了一个高速发展的时期。据统计，至2019年末，全国公路隧道已有19076处、1896.66万m，比上一年增加1329处、173.05万m。而随着中国城市化进程的不断加快，城市隧道也逐渐成为解决城市交通问题的重要途径之一。上海、杭州、南京、成都、武汉、厦门等多个城市开始修建城市隧道。2013年中国城市隧道总里程约162km，至2019年，总里程达1000km。在隧道高速建设的同时，其运行维护支出巨大，已成为隧道运营管理的沉重负担。据测算，城市隧道照明费用占城市隧道运营费用30%左右，因此照明节能是隧道绿色发展亟待解决的重大课题之一。目前，隧道照明节能技术逐渐在隧道建设管理中得到重视，导光管方案、LED节能照明、隧道遮光棚和智能照明控制系统已在诸多隧道工程中得到了应用，取得了较好的经济效益，促进了行业的发展，具有较大的社会效益。

　　本书部分内容取材于中华人民共和国住房和城乡建设部、江苏省住房和城乡建设厅的科技研发项目以及地方标准《城市隧道照明设计标准》(DB32/T 3692—2019)，同时吸收了国内外关于城市隧道照明节能的研究成果。全书共9章，第1章详细阐述了城市隧道照明节能的背景与意义，对城市隧道及城市隧道照明节能技术的发展进行了系统阐述；第2章以人为本，主要从理论角度分析驾驶员视觉、心理及生理特性；第3章对眩光及其影响机理进行分析，给出了城市隧道照明节能的理论依据；第4章～第8章是在第2、3章的基础上给出城市隧道具体的照明节能技术，分别从洞口减光，照明光源的选择、布置和控制，导光管技术，蓄能发光涂料，以及路面材料等五个方面进行了介绍；第9章介绍了照明节能技术在具体工程中的应用，希望能够供国内同行参考，为类似工程设计、施工提供借鉴，并进行推广应用。

　　由于作者水平有限，书中难免存在不妥之处，敬请读者批评指正。

目 录

序一
序二
前言

第1章 绪论 ··· 1
  1.1 隧道照明技术发展 ··· 1
    1.1.1 隧道发展 ··· 1
    1.1.2 隧道照明特点 ··· 2
    1.1.3 隧道照明发展过程 ··· 5
  1.2 隧道照明节能技术现状与发展 ·· 5
    1.2.1 国外隧道节能技术发展现状 ·· 5
    1.2.2 国内隧道节能技术发展现状 ·· 7
    1.2.3 隧道照明节能技术发展 ·· 8
    1.2.4 隧道照明节能设备发展 ·· 10

第2章 驾驶员视觉特性 ··· 13
  2.1 人眼视觉理论 ·· 13
    2.1.1 人眼结构 ·· 13
    2.1.2 视觉原理 ·· 17
    2.1.3 环境对视觉的影响 ·· 18
    2.1.4 视觉特性 ·· 19
  2.2 驾驶员的视觉特点 ·· 22
    2.2.1 驾驶员的作业 ·· 22
    2.2.2 驾驶员的视野 ·· 23
    2.2.3 影响驾驶员视看的条件 ·· 23
    2.2.4 影响驾驶员视觉的因素 ·· 24
    2.2.5 驾驶员动态视觉特征及其影响 ··· 30
  2.3 驾驶员的视觉心理与视觉生理特性 ··· 32
    2.3.1 人机工程学中常用的几种生理指标 ····································· 32
    2.3.2 驾驶员生理测试指标的选择 ·· 33
    2.3.3 驾驶员生理测试指标的机理及依据 ····································· 33
    2.3.4 驾驶员生理及心理特性 ·· 35

第3章 隧道眩光及其对驾驶员的影响 36
3.1 眩光及其分类 36
3.1.1 不舒适眩光 36
3.1.2 失能眩光 37
3.2 人眼眩光的评价标准 38
3.2.1 眩光控制等级 38
3.2.2 眩光阈值增量 TI 的评价方法 39
3.3 眩光对驾驶员视觉影响的机理 41
3.3.1 隧道出入口驾驶员视觉机理 41
3.3.2 隧道出入口驾驶员视觉特征 43
3.3.3 隧道出入口驾驶员视力恢复时间 43
3.4 隧道洞口防眩技术 45
3.4.1 隧道洞口眩光产生因素 45
3.4.2 隧道洞口防眩光措施 45
3.5 照明灯具眩光影响分析 45

第4章 隧道洞口减光节能技术 48
4.1 隧道洞口减光的必要性 48
4.1.1 安全性需要 48
4.1.2 节能性需要 48
4.1.3 洞口美化作用 49
4.2 材料的光学性质 49
4.2.1 材料光学性质的本质 49
4.2.2 各种材料的光学性质 51
4.3 隧道洞口减光措施 52
4.3.1 减光建筑 52
4.3.2 利用植被减光 54
4.3.3 控制洞外景物的表面亮度减光 55
4.4 减光措施的应用要点 57
4.4.1 遮光棚的设计要素 58
4.4.2 遮阳棚的设计要素 60
4.4.3 植被减光应尽量与减光建筑组合 62
4.4.4 加强洞外景物表面亮度的控制 62
4.5 减光建筑应用案例 65
4.5.1 遮光棚 65
4.5.2 遮阳棚 69

	4.5.3 遮光棚与遮光板混合结构	72
	4.5.4 隧道洞口绿化	74

第5章 隧道光源节能技术 80

5.1 城市隧道照明光源种类及选择 80
  5.1.1 隧道照明光源 80
  5.1.2 适用于城市隧道照明的 LED 光源 82
  5.1.3 适用于城市隧道照明的 HID 光源 84
  5.1.4 LED 作为照明光源的经济性 85
5.2 隧道照明控制技术 88
  5.2.1 隧道照明亮度特性 88
  5.2.2 隧道白天调光要求 89
  5.2.3 隧道夜间照明调光设计 90
  5.2.4 隧道照明控制模式 90
  5.2.5 隧道照明控制方式 91
  5.2.6 隧道照明控制系统种类 92
  5.2.7 隧道照明控制方法 93

第6章 自然光导入系统节能技术 96
6.1 导光管技术原理 96
  6.1.1 导光管的原理及结构 96
  6.1.2 光导照明系统的类型 100
  6.1.3 光导照明的优势 101
6.2 隧道导光管设计方法 102
6.3 工程应用案例 103
  6.3.1 凤岭南隧道 104
  6.3.2 长江路隧道 106

第7章 蓄能发光材料节能技术 108
7.1 隧道侧壁反光蓄光应用概况 108
7.2 隧道反光、蓄光材料 109
7.3 蓄能发光多功能涂料特性 110
  7.3.1 增光性试验 110
  7.3.2 延时性试验 113
  7.3.3 穿透性试验 113
7.4 城市隧道辅助照明应用的节能分析 115
  7.4.1 反射光计算原理 115
  7.4.2 隧道模型与仿真计算 117

7.5 蓄能发光材料技术指标和辅助设计方法 ············ 121
    7.5.1 技术指标 ············ 121
    7.5.2 辅助设计方法 ············ 122
7.6 工程应用案例分析 ············ 123

第8章 隧道路面照明节能技术 ············ 130
8.1 彩色路面的色彩分析与应用 ············ 130
8.2 隧道路面的明色铺装技术 ············ 133
    8.2.1 明色铺装技术的应用 ············ 133
    8.2.2 明色铺装技术的措施 ············ 134
8.3 明色路面路用性能测试 ············ 138
8.4 明色路面的应用及其节能分析 ············ 142

第9章 隧道照明节能工程实例 ············ 145
9.1 南京长江隧道 ············ 145
    9.1.1 工程概况 ············ 145
    9.1.2 照明设计方案 ············ 145
    9.1.3 照明质量的影响因素分析 ············ 146
    9.1.4 照明能耗分析 ············ 149
9.2 南京中央商务区隧道 ············ 149
    9.2.1 工程概况 ············ 149
    9.2.2 照明设计方案 ············ 150
    9.2.3 照明模拟 ············ 153
9.3 南京定淮门长江隧道 ············ 154
    9.3.1 工程概况 ············ 154
    9.3.2 照明设计方案 ············ 157
    9.3.3 照明优化设计及其节能分析 ············ 158
    9.3.4 照明分段方案优化设计 ············ 158
    9.3.5 照明系统的节能对比分析 ············ 160
9.4 上海长江隧道 ············ 161
    9.4.1 工程概况 ············ 161
    9.4.2 照明设计方案 ············ 161
    9.4.3 新光源应用分析 ············ 162
9.5 扬子江路隧道 ············ 163
    9.5.1 项目概况 ············ 163
    9.5.2 照明设计方案 ············ 163

9.5.3　照明能耗分析 ································ 165
第 10 章　总结与展望 ································ 167
　10.1　总结 ······································· 167
　10.2　展望 ······································· 168
参考文献 ·· 169

第1章 绪　　论

当前，节能和环保成为全球最关注的话题。在节能减排日益成为我国经济发展主基调的背景下，如何降低隧道照明系统的能源消耗、提高照明系统能效，以及隧道照明系统节能等问题成为科研、设计、建设和运维等单位最为关注的问题。

1.1　隧道照明技术发展

1.1.1　隧道发展

隧道工程作为人类打破自然天堑束缚的智慧结晶，在人类文明史上具有重要意义。1890年，随着台湾狮球岭隧道的修建，如图1-1所示，我国隧道的发展揭开了序幕。伴随着交通设施的大力发展，我国也迎来了隧道发展的黄金时期。

图1-1　狮球岭隧道

我国是一个多山的国家，75%左右的国土是山地或者重丘，因此，公路的大规模修建也带动了公路隧道的大发展。根据《2019年交通运输行业发展统计公报》，到2019年末，全国公路隧道已有19067处、1896.66万m，比上一年增加1329处、173.05万m，其中特长隧道1175处、521.75万m，长隧道4784处、826.31万m。

20世纪90年代初，全国多个城市开始修建城市隧道，上海、杭州、南京、成都、武汉、厦门等地城市隧道近年来高速发展，2013年中国城市隧道里程约

162km。2019 年城市隧道里程已达 1000km，部分城市隧道规模统计如图 1-2 所示。隧道形式也越来越多样，出现了地下互通、地下环路及局部开敞式隧道等形式，如图 1-3 和图 1-4 所示，这些形式给隧道照明技术带来了新的挑战。

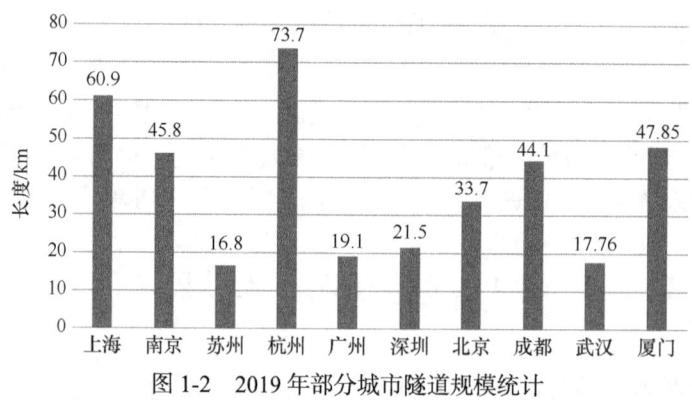

图 1-2　2019 年部分城市隧道规模统计

图 1-3　济南中央商务区地下环路

图 1-4　南京通济门隧道(半敞开式)

1.1.2　隧道照明特点

隧道照明是为了保证隧道内交通顺畅而设置的功能性照明，其目的是给驾驶员在隧道行驶过程中提供一个安全、舒适的视觉环境，保障交通运行，提高通行效率。

由于隧道是一个半封闭空间，在行车视觉特性上要比其他道路交通照明复杂得多，在照明设计初期需要考虑的因素主要有以下几点。

(1) 黑洞效应和白洞效应。

车辆在以较高的速度(一般为 60km/h)通过隧道洞门附近时，短时间内洞内外的亮度变化很大。当车辆驶入隧道时，会因为亮度突然变暗而无法辨认洞口附近的状况，从而产生"黑洞效应"，如图 1-5 所示。当车辆驶出隧道时，则会看到炫亮的白洞，即产生"白洞效应"，如图 1-6 所示，同样也会严重影响司机的视觉判断能力，造成危险。

图 1-5　黑洞效应　　　　　　　图 1-6　白洞效应

(2) 人眼的适应。

人眼能够根据环境光强的变化进行调节适应，亮度变化的速度越快，调节的时间则越长。在适应调节的过程中，司机会暂时失去获得视觉信息的能力，因此隧道洞口附近的照明应满足司机获得足够视觉信息所需的亮度要求。

(3) 车辆尾气。

在公路隧道中，往往有大量的货运车辆通行，有些车辆以柴油为燃料，由于其燃烧不充分，会产生大量的汽车尾气；而在城市隧道中，上下班高峰时段，隧道拥堵，车辆行驶速度降低也会产生大量尾气。而隧道是一个半封闭的空间，如果通风设施配置不完善，就会造成隧道内烟雾聚集，严重影响隧道照明质量，如图 1-7 所示。

图 1-7　隧道内汽车尾气排放聚集

(4) 隧道内装饰材料的种类及反射率。

隧道路面的亮度来源于两部分：一是照明灯具产生的亮度；二是路面、墙壁和顶棚对光的吸收和散射。不同的材质，反射率有所不同，对于隧道内亮度均匀度也会有所影响。

公路隧道因为对美观要求不高，隧道内部一般不做装修，墙面材质主要为混凝土之类颜色较深的材料，如图 1-8 所示。而城市隧道景观要求相对较高，不仅洞外会做植被绿化、构筑物等，隧道内部侧墙也因其是行车舒适性和景观的组成部分，而开始受到重视。建设单位一般会采用浅色系的搪瓷钢板、面砖等反光率高的材料作为墙面装饰材料，如图 1-9 所示。更有景观要求高的隧道，连隧道顶部也会喷上明色涂料或装饰背景画，如图 1-10 所示。

图 1-8　公路隧道采用混凝土墙面

图 1-9　城市隧道采用搪瓷钢板墙面

图 1-10　城市隧道顶部装饰画

另外，相较于公路隧道，城市隧道管养要求更高，墙面的清洗、维护频繁，墙面的反光率也更高。

(5) 隧道构筑物指标。

隧道的长度、宽度、线形、交通量、洞外亮度等因素，也会对照明灯具的功率、间距、布置形式等产生影响。

结合上述各项因素，隧道照明设计需要避免黑洞、白洞效应带来的不利影响，并充分考虑人眼的适应，使亮度变化速率与适应时间相协调，还需选用合适的(如气体穿透力强的)光源，并在隧道内选择反射率高的墙面材料。另外，需要针对不同的隧道形式，确定合适的照明分段长度、灯具布设方式等。

1.1.3 隧道照明发展过程

在古代，火把作为最常用的照明工具被运用到了隧道照明中，照明设施非常简陋且十分不方便。此后，随着工业化时代的到来，照明行业取得了长足的发展。近年来，随着物联网技术的快速发展，照明领域更是有了翻天覆地的变化，在确保正常照明的同时，也能节省电力，还能对照明设施进行人性化控制和管理。

与铁路隧道相比，在很长一段时间里，我国公路隧道发展较为缓慢，最初在设计公路隧道时，多是套用或照搬铁路隧道设计标准，其对土建工程部分考虑得比较周详，但是对交通安全问题等却关注得很少。20世纪90年代初，我国大部分公路隧道都无照明或仅悬挂几盏路灯供行人照明，仅有几座隧道安装了照明设施，且其技术标准很低，存在很多隧道安全问题[1]。

进入21世纪，我国在公路隧道建设领域取得举世瞩目的重大成就，而公路隧道照明技术也随着公路隧道修筑建设和运营管理水平的提升而不断发展。据统计，截至2002年，我国1km以上的公路隧道照明形式为完全照明的占87%，局部照明占4%，无照明占9%。

近年来，随着我国国民经济的飞速发展，公路隧道数量不断增加、长大公路隧道及隧道群不断出现、公路交通量不断上升；与此同时，城市基础设施建设量也在快速增长。在城市基础设施建设中，隧道方案以其能缩短道路里程、充分利用城市空间、提高城市景观、减少拆迁量等种种优点，得到越来越广泛的应用，隧道照明技术也由此逐渐得到关注和重视。近20年来，我国交通运输部门投入大量科研经费，围绕隧道照明工程的实际问题开展技术研究并取得许多重要成果，强有力地推动了我国隧道照明技术的进步。

未来，随着隧道照明品质提升工程的开展，更多绿色照明、辅助照明措施以及智慧化照明将用于提升隧道内部光环境亮度，隧道照明将越来越安全舒适、节能环保。

1.2 隧道照明节能技术现状与发展

1.2.1 国外隧道节能技术发展现状

国外公路隧道的照明研究和实践开始较早，技术相对成熟。自1957年英国的Waldram指出"黑洞现象"的危险性和严重性以来，隧道照明便成为公路隧道工程技术的一个重要课题[2]。早在20世纪60年代，依据交通量、速度和洞外亮度进行自动调光的技术就已经应用于意、法两国之间的MontBlanc隧道照明。

Schreuder 建立了隧道实验模型，并通过在模型中进行小目标的察觉概率实验，得出"隧道入口段照明亮度与视看目标亮度之间存在的函数关系"的研究成果[3]。

同在 60 年代的亚洲，日本学者 Nakamichi 和 Narisada 等也在对隧道照明实验研究中，取得了人眼"察觉目标物所需的背景亮度和从观察者开始注意到隧道入口所经历的时间之间的函数关系"的相关研究结论。Narisada 和 Nakamichi 的学术团队则采用了动态模拟过程开展研究，得出结论：隧道入口和目标物会随着观察时间的增加，在人眼视觉感受效果上呈现出逐渐变大的趋势或现象[4]。

80 年代后期，为了规范隧道照明设计和施工、减少交通事故，世界各国相继颁布了公路隧道照明设计规范。随后，各国制定了适合本国国情的标准，如欧洲制定的《欧洲隧道照明标准》、日本制定的《隧道照明指南》等。在这其中，国际照明委员会 1982 年制定的照明设计规范最为权威，被大多数国家所采用。在之后的时间里，国际照明委员会所制定的这个规范又被一些专家进行了几次改动，最终演变成现行的规范[5, 6]。

在照明理论和技术方面，发达国家相对比较完善，已经形成了规范性的标准。在节能研究方面，为了提高隧道照明效果和行车舒适性，保证公路隧道安全运行，国外针对隧道灯具进行了大量的研究，依据驾驶员视觉特性和隧道内的视觉环境制定了一系列数值计算准则，如德国的侧壁面计算方法和日本的灯具维护系数等。欧美发达国家从灯具材料、光学特性、外观质量、功能结构等方面进行了深入研究，并取得了一定的成果。同时，美、日在基于驾驶员视觉特征和驾驶行为的公路隧道照明研究方面取得了突破性进展，给后期研究提供了很好的借鉴。在隧道照明控制技术方面，逐渐由逻辑分组控制向根据隧道交通流量、行车速度、天气情况等因素的模糊智能控制网络技术发展。

总的来说，在隧道照明节能方面，国外主要有以下几方面成果。

(1) 为使隧道照明设计和施工趋于规范化，世界各国都先后制定了符合本国情况的公路隧道照明规范与标准，如欧洲的《隧道照明标准》、日本的《机动车交通隧道照明标准》、北美的《隧道照明推荐报告》和国际照明委员会(英语：International Commission on Illumination，法语：Commission Internationale de L'Eclairage，采用法语简称为 CIE)的《公路隧道和地下通道照明指南》。

(2) 通过技术创新，不断提高照明功率器件的性能，如不断提高节能灯具的照明功率和节能效果、改善隧道内的供配电设施和照明控制系统。

(3) 制定相应的法规政策，从国家的层面推行节能政策。

(4) 根据隧道内特殊的视觉环境制定了相应的数值计算方法与准则，如德国制定的侧壁面计算法与日本制定的灯具维护系数法等。

(5) 对于隧道照明控制，国外学者通过研究不断提出更加节能高效的控制方式。

1.2.2 国内隧道节能技术发展现状

限于技术与经济发展水平,我国在隧道照明方面的研究起步较晚,基础性的理论工作经验和工程实践经验都显得不足。即便如此,通过研究学者积极努力的探索和研究,我国的隧道照明节能研究工作也取得了一定的成果。

在隧道照明应用的技术规范、标准更新也比较快,2000年以前主要遵照《公路隧道设计规范》(JTJ 026—90)进行隧道照明系统设计。借鉴国外公路隧道的成功经验和先进技术,中华人民共和国交通运输部(以下简称交通部)于2000年1月正式颁布了《公路隧道通风照明设计规范》(JTJ 026.1—1999)[7]。该规范详细规定了高速公路,一级、二级公路,新建隧道和改建隧道的照明设计准则。并在照明系统构成、洞外亮度和减光、隧道各照明段的长度与亮度、照明总均匀度与纵向均匀度、连续隧道亮度折减、调光分级、光源分级、灯具及布置、照度与亮度计算推荐方法等方面做出了详细的规范说明。该规范颁布后,国内的主要研究方向不再集中于讨论如何设计照明系统,而在于如何控制照明系统,通过照明系统的自动化来实现节能。例如,设计照明亮度分析和计算软件,通过计算照明亮度等参数,来评价和分析各种布灯方案的性能,选择合理的布灯方案,减少灯具数量,降低照明能耗;设置自动调光系统,使隧道入口段、过渡段等区域的照明灯具能根据隧道洞外亮度,自动调节开启数量或功率,避免不必要的浪费。

交通部于2014年颁布了《公路隧道照明设计细则》(JTG/T D70/2-02—2014),同步废止《公路隧道通风照明设计规范》(JTJ 026.1—1999)。其中,节能标准与措施这章中提及了节能标准和关于隧道照明光源、布灯方式、接近段的减光措施、调光设计、墙面等节能措施。

在隧道照明节能领域中,科研工作者对隧道照明节能技术的研究从未停止,主要从在下几个方面取得较大成果。

(1) 优化了隧道布灯方案,消除了"黑洞效应"和"白洞效应",使隧道的安全性和节能性都得到较大提升。

(2) 建立了隧道内光强的亮度函数,建立了速度、亮度和出入口段长度之间的数学关系,设计了隧道内亮度动态控制方案。

(3) LED照明产业被列为国家优先发展的第一重点领域(能源)的第一优先主题以来,LED光源以其环保、节能、安全、长寿命等优点在隧道得到很多的应用,LED隧道照明系统具有施工安装难度小、节能、运行维护费用低、照度稳定、寿命长、绿色环保等优点。

(4) 隧道照明控制系统主要经历了人工控制、时序控制、自动调光控制三个阶段,随着计算机技术和电子技术的发展,隧道照明自动控制必将成为主流隧道照明控制方式。同时LED灯具在隧道照明的广泛应用,加速了隧道照明智能化控制技术的提升。

1.2.3 隧道照明节能技术发展

1. 隧道照明指标选取

隧道内照明由加强照明和基本照明两部分构成,其中加强照明能耗在整个隧道照明能耗中占比较高,特别是中短隧道,加强照明能耗占到隧道照明能耗的80%以上。其中,隧道洞外亮度$L_{20}(S)$是计算隧道照明设计值的重要参数,该数值取值的高低对于工程投资和营运电费都有极大的影响,不容忽视。日本东京湾海底隧道曾于设计中作过详细比较:在其他条件(包括车速)相同的情况下,如$L_{20}(S)$分别设定为 4000cd/m² 与 6000cd/m²,则设备费相差 34%,年耗电量相差达 30%。可见,隧道洞外亮度$L_{20}(S)$取值是隧道照明节能非常关键的技术参数。

从隧道运行安全和照明节能考虑,隧道基本照明亮度指标取值尤为重要。《公路隧道照明设计细则》(JTG/T D70/2-02—2014)在《公路隧道通风照明设计规范》(JTJ 026.1—1999)基础上进行了较大调整,调整后的隧道基本照明亮度指标取值更符合隧道内通行的交通流量,具体如表1-1所示。

表1-1 隧道基本照明亮度指标取值对比表

规范	《公路隧道照明设计细则》(JTG/T D70/2-02—2014)			《公路隧道通风照明设计规范》(JTJ 026.1—1999)	
	Lim/(cd/m²)			Lim/(cd/m²)	
	单向交通			双车道单向交通量 $N>2400$veh/(h·ln)	双车道单向交通量 $N\leqslant 700$veh/(h·ln)
设计车速 v_t/(km/h)	$N\geqslant 1200$veh/(h·ln)	350veh/(h·ln)$<N<$ 1200veh/(h·ln)	$N\leqslant$ 350veh/(h·ln)		
	双向交通			双车道双向交通量 $N>1300$veh/(h·ln)	双车道双向交通量 $N\leqslant 360$veh/(h·ln)
	$N\geqslant 650$veh/(h·ln)	180veh/(h·ln)$<N<$ 650veh/(h·ln)	$N\leqslant$ 180veh/(h·ln)		
120	10.0	6.0	4.5	/	/
100	6.5	4.5	3.0	9.0	4.0
80	3.5	2.5	1.5	4.5	2.0
60	2.0	1.5	1.0	2.5	1.5
40	1.0	1.0	1.0	1.5	1.5

2. 隧道遮光减光技术

在隧道洞口设置减光建筑,可利用建筑物的减光效果,降低隧道洞口亮度。较为常见的建筑形式有遮阳棚、遮光棚及通透式棚洞。

遮阳棚是一种顶部为封闭式结构的棚状构筑物,利用透明或半透明材料的透光作用达到减光效果,不允许阳光直接投射到路面上。遮光棚是一种顶部为敞开式结构的棚状构筑物，与遮阳棚相比，其区别在于允许日光直射到路面上，且结构相对简单、轻巧，如图 1-11 所示。通透式棚洞是近年来公路建设部门贯彻生态和谐理念的创新之举，通过对侧向入射光的减光处理，达到路面亮度的梯降。该结构若充分利用地形，可以最大限度地减小植被破坏面，与周围景观相协调，同时照明及采光效果较好[8]。

图 1-11　隧道洞口遮光棚

通过在隧道洞口设置遮光或透光建筑，能有效解决洞口炫光问题，同时可减少隧道加强段照明灯具数量和功率，从而降低隧道照明运营能耗。

3. 照明控制技术

隧道照明控制方案的实施，依赖于先进控制技术和控制方式的支撑。隧道照明控制方式在很大程度上体现出隧道运营管理的现代化程度。隧道照明系统配置了照明控制柜/配电箱，能实现现场人工控制和自动控制，并且预留了远程控制模块，提供控制照明设施的继电器接点，将照明区域控制单元直接与照明控制柜/配电箱的继电器接点相连，以实现对照明设施的远程控制。

隧道照明控制方式主要有人工控制方式、自动控制技术、智能控制技术等。智能控制技术采用短时交通流预测理论，应用人工智能、专家系统、模糊控制、神经网络、遗传算法等智能控制技术，按隧道照明亮度递减适应曲线进行动态调光控制，以达到安全、舒适、高效、经济的照明效果。

4. 照明灯具布置技术

隧道照明质量的提高，可以通过选择合理的布灯方式，产生不同的亮度组合，从而提升驾乘舒适度和配光经济性。一个好的照明系统和照明灯具的选择及其布置方式息息相关，公路隧道照明质量的好坏与灯具的配光特性直接相关，灯具的布置方式对灯具配光效益有较大影响，选择高效节能灯具和合理的布灯方式是解决营运电费高的最有效的方法，可以产生较好的经济效益和社会效益。

不同照明布置方式应选用不同配光形式的灯具以提高照明系统的配光效率，达到省电目的。照明系统采用两侧布置灯具时，如图 1-12 所示，宜采用宽光带点光源配光式灯具；若采用中线布置灯具，如图 1-13 所示，宜采用宽光带线光源配光式灯具或逆光照明灯具。逆光照明灯具比常规照明灯具更能充分利用光效来提高路面亮度，降低目标照度，以达到省电目的。

图 1-12　隧道两侧布置灯具

图 1-13　隧道中线布置灯具

1.2.4　隧道照明节能设备发展

1. 隧道照明光源

隧道照明中一般选用的光源主要有荧光灯、高压钠灯、低压钠灯、无极灯等，随着电子产品技术提升，LED 灯在隧道照明中广泛应用，有效提高了隧道照明的节能。

(1) 荧光灯。荧光灯的特点是发光面积大、相对亮度低、产生的照度较高、光效较高、显色性较好，而且这些特点都符合隧道照明要求。荧光灯具布置成连续的光带可以避免隧道照明中经常会发生的"频闪效应"，可以提高隧道照明的质量。但是，荧光灯的缺点是光通量相对较小，需要较多的灯具才能达到隧道照明标准所要求的亮度，这与节能相违背。隧道荧光灯的外观形式如图 1-14 所示。

图 1-14　隧道专用荧光灯

(2) 高压钠灯。高光效、透雾能力强、性能稳定、长寿命及类型多是高压钠灯的优点。高压钠灯是隧道照明中常用的一种光源。但是，启动慢、频闪强、温升高、耗电大、噪声大等缺点要求高压钠灯要配备镇流器，而传统的镇流器自身耗能就大，而且易产生高温，影响使用安全。所以，使用高压钠灯时一般是采用电子镇流器和节能镇流器替代传统的镇流器。

(3) 低压钠灯。低压钠灯发出的是单色黄光，具有发光面积大、透雾性好、相对亮度低、产生照度较高等特点，特别是低压钠灯的灯管较长，光效又很高，是隧道照明中一种比较合适的光源，但是由于其显色性差，在隧道入口段使用，可能会影响视觉辨识，如果在入口段的阈值段等处使用，则应与其他具有较好显色性光源混合使用，以便达到兼顾路面亮度、节能及显色性等方面的要求[9]。

(4) 无极灯。电磁感应无极灯综合了功率电子学、等离子学、磁性材料学等领域最新科技成果，通过以高频感应磁场的方式将能量耦合到灯泡内，使灯泡的气体雪崩电离形成等离子体。从理论上说，它与传统光源最大的不同之处在于无电极、寿命长、光衰低、高效节能。用电磁感应无极灯代替传统的高压钠灯照明，在保证隧道内照明效果的前提下，可大幅度减少照明耗电量，而且无极灯是超长寿命光源，可大幅度减少灯具的更换和维修次数，降低管理费和维修人工费等，降低照明运行成本。隧道无极灯的外观形式如图 1-15 所示。

图 1-15　隧道专用无极灯

(5) LED 灯。LED 灯将成为照明市场最具潜力的热门产品。LED 是最近几年新型的照明光源，显色性与照度关系、明视觉与中间视觉理论等科研成果表明，LED 在隧道照明中的应用具有很大的先天性优势，具有比传统照明光源寿命更长、更易于控制、照明效果高、色温范围可控制、显色性更高等优点。如果结合电学、光学和热学相关理论进行优化设计，我国目前隧道照明的水平可以得到大大的改进。

2. 导光管新型设备

光导照明是一种特殊的照明技术。它可以将日光源或人工光源发出的光从一处传输到另一处，并按照需要进行光的分配，光导照明技术作为一项新的照明技术，有着节能环保等优势。光导照明系统应用于城市下沉隧道，可解决由于隧道顶部中央"开天窗"引起的行人失足跌落(不遵章者)的安全问题，以及雨天雨水突降、杂物乱抛等引起司机驾驶车辆安全等问题。而且隧道封闭后顶部绿化景观可得到极大的改善，为城市市政管理带来极大的方便。路面导光管布置如图 1-16 所示[10]。

图 1-16 路面导光管布置

3. 光纤照明新型设备

光纤照明是一种新型照明设备，隧道进出口照明采用光纤导入太阳光加强照明，有效节约照明能耗。光纤照明应用于隧道进出口端的加强照明，宜选择具有较大数值孔径的端部散射石英光纤。自动聚光器宜使用直流电机驱动，蜗轮蜗杆减速机减速，可实现高精度追踪，避免使用步进电机或伺服电机带来的高成本；为减少太阳光的收集、传输损失，应保证透镜聚焦光斑小于传输光纤的端部直径、光斑光线的聚焦夹角小于传输光纤的临界接收角，同时，光斑的聚焦温度不可大于传输光纤的软化温度。工程实践证明，只有在晴天有太阳时才能保证光纤的照明效果，故利用太阳光的光纤传输照明必须与其他照明方式进行组合，才可达到预期的公路隧道照明效果[11]。

第 2 章　驾驶员视觉特性

驾驶员视觉特性包括静态视觉特性和动态视觉特性。静态视觉特性主要指注视者和注视目标均处于静止状态时，注视者眼睛的运动特性；动态视觉特性是指注视者与注视目标有一方处于运动状态或双方均处于运动状态的条件下，注视者的眼睛运动特性，通过此特性可以了解真实交通环境条件下的动态视觉特性。

隧道洞内外亮度差带来的"黑洞效应""白洞效应"，使驾驶员在经过隧道出入口时，视觉调整上存在"认知滞后"和"调节滞后"现象，研究驾驶员的视觉特性，可为洞口减光设施的设置和隧道加强照明的设计提供可靠的理论支撑。

2.1　人眼视觉理论

2.1.1　人眼结构

1. 眼球

人的眼睛近似球形，位于眼眶内。正常成年人其前后径平均为 24mm，垂直径平均为 23mm。最前端突出于眶外 12～14mm，受眼睑保护。它长在一个多骨的、不能弯曲的眼窝里，只有表面露在外边。眼球的大部分被一层坚韧的白膜(巩膜)所覆盖，通常把它叫做眼白。眼球包括眼球壁、眼内腔和内容物、神经、血管等组织。人眼结构如图 2-1 所示。

(1) 眼球壁主要分为外、中、内三层。

外层由角膜、巩膜组成。

中层又称葡萄膜、色素膜，具有丰富的色素和血管，包括虹膜、睫状体和脉络膜三部分。

内层为视网膜，是一层透明的膜，也是视觉形成的神经信息传递的第一站，具有很精细的网络结构及丰富的代谢和生理功能。

(2) 眼内腔和内容物。

眼内腔包括前房、后房和玻璃体腔。

眼内容物包括房水、晶状体和玻璃体。三者均透明，与角膜一起共称为屈光介质。

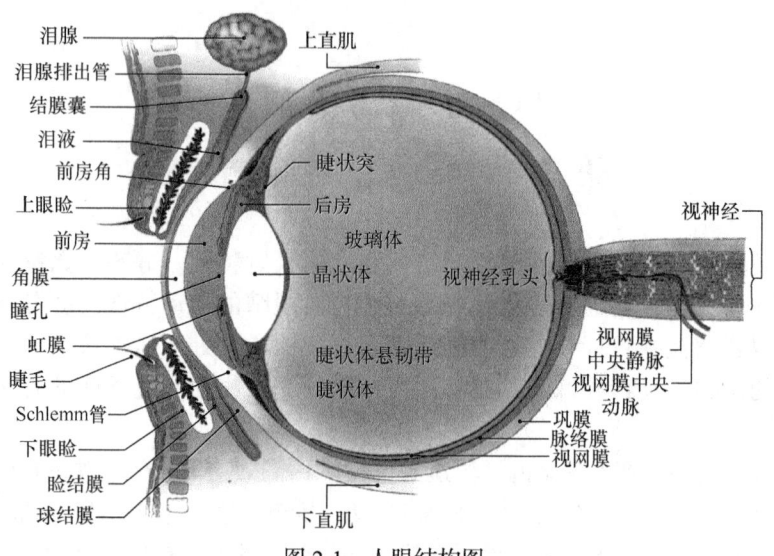

图 2-1 人眼结构图

(3) 视神经、视路。

视神经是中枢神经系统的一部分。视网膜所得到的视觉信息，经视神经传送到大脑。

视路是指从视网膜接受信息到大脑视皮层形成视觉的整个神经冲动传递的径路。

(4) 眼附属器。

眼附属器包括眼睑、结膜、泪器、眼外肌和眼眶。

眼球始终由含盐的、有保护作用的泪水保持湿润，泪水还具有轻度的消毒作用。不适的刺激如烟雾、化学药物、强风，另外还有激动的情绪，都能导致泪水的聚集。眨眼能保持眼球表面滑润，清除异物。在眨眼的一刹那观察者什么也看不见。如果不眨眼，总盯住一件东西看，观察者就会眼昏目眩。

2. 睫毛

睫毛能够把异物滤出而让光线顺利通过。在扬起的灰尘前观察者眯起眼，这就自然而然地运用了这种过滤作用。眉毛配在观察者高耸的前额上，形成了一个遮蔽物，保护眼睛不致掉入雨点、昆虫这类异物。

3. 角膜

凸出在眼球表面是一层坚韧透明、起保护作用的膜，叫做角膜。只要把眼睛闭上，手指轻轻抚摸眼皮，就能摸到角膜的形状。角膜使光线折转，把光线聚集在一块很小的、能进入眼球的地方。要达到精密和正确，角膜的表面就必须保持光滑平整。假如角膜发生病变，会使视力损伤，便要佩戴眼镜或附加晶状体来校正。

4. 虹膜

角膜后面就是虹膜。虹膜使眼睛感知色彩。色彩是由虹膜中的黑色素作用而形成的。这种黑色素在人的皮肤中也存在，会引起皮肤上的色素沉着或雀斑。虹膜的功能很像照相机的光圈，可以控制进入眼球的光量。

瞳孔是虹膜中心一个圆形的孔，它的大小受到虹膜放松或收缩的作用而不断变化着。在一间黑暗的房间里开亮灯，虹膜就收缩，瞳孔变小，挡住一定量的光线。当观察者从亮处走到一个暗的地方，如电影院，虹膜就舒展，瞳孔变大，放进更多的光线。某些药物也能影响到虹膜的功能。一些麻醉药会使瞳孔收缩，而像氨基丙苯会使瞳孔放大。有些药物就用于眼科检查时放大瞳孔。

虹膜会受到情绪的影响。当观察者看到某些心满意足的东西时，或者神情专一时，虹膜会渐渐扩展。据说古代东方的翡翠商人总是留神观看顾客的瞳孔，当顾客看中了某块宝石时，瞳孔渐渐张大，尽管顾客未动声色，珠宝商却已经了解到了顾客的心意，他就开出较高的价钱来。虹膜的这种活动无法控制，完全是自动的。

5. 晶状体

在虹膜旁是透明的晶状体，它把从角膜射来的光线聚集起来，折射到眼球中的一个小点上。晶状体富有弹性，可以慢慢伸平，也能渐渐鼓圆。这样，目光便能凝聚到远近不同的对象上。晶状体的适应能力根据年龄而有所不同。

6. 玻璃体液

眼睛球囊的主体充满了胶状物质，叫玻璃体液。光线就是通过这些物质到达视网膜的。通常说，玻璃体液是纯净的，但有时也会有一些像红细胞之类的物质滞留在里面，它们像一个小点或一个线头。观察者朝一片空墙或向蓝天望去，能看到这些小点若隐若现地漂浮在眼前。

7. 视网膜

眼球内壁大约 4/5 都包着数层像邮票般厚薄的细胞，这叫视网膜。视网膜上排满了光觉细胞。与开关一样，所有的成像元只有两种状态：得到讯号或未得到讯号。光线到达照相胶卷时会记录下一个图像，而光线进入眼球只能触发某一部分的成像元处于一个通/断的状态，这非常像二度交叉图案。尽管这些输入信号有限，但观察者却能感受到深度、活动、大小、形状、质地、位置，观察者可以从各种形式的推理中，判断出事物的自然形态。观察者之所以能够得到这么多的视觉信息，是因为成像元相当小。正如新闻照片这类以网点图案制作出的图片一样，网点粗，就无法记录形象的细部，用细点就能很仔细地刻画出对象。在人眼中构成镶嵌图案的元件就是细胞的尺寸本身。最小的成像元只有 $1\mu m(10^{-6}m)$。另外，成像元又相当敏感，它能记录下任何一个能量极其微弱的振荡。

视网膜成像元通常是受到光刺激而兴奋，但其他一些因素也能使它们兴奋。例如，观察者用力闭上眼睛或用手揉眼睛，就能看见闪烁的光，这是由于视网膜上的视细胞受到压力而兴奋的缘故。有些药物和精神性疾病(如偏头痛、癫痫症)也会有光的刺激兴奋活动，从成像元接收到的任何讯号，都被当成了"光刺激"传递给大脑。

光照良好的情况下，盯住一个黑色方块看至少 60s，然后再看右边的空白，就会看到有一块白色的方块，这叫"后像作用"，是在真正的视接触以后留下的印象。后像是成像细胞在回复原来状态时出现的延续与勃发。这一现象时时出现，只是观察者未加注意罢了。只有当这一视觉印象强烈到观察者的正常视觉受到影响时，观察者方感到它的存在。例如，把一张照片放在一只闪光灯下看，连续不断出现的后像会使观察者眼花缭乱。

在视网膜背后有一小块区域没有成像元，这叫盲点。从视网膜来的神经纤维在这里汇合成一条视神经，它把视细胞收集的图像讯号递送给大脑。通常情况下，观察者自己不会觉察到这个盲点存在，因为一只眼的盲点并不与另一只眼的盲点的图像重叠，而且盲点又不在眼睛比较敏感的视力中心。

排列在视网膜上的成像原有两种形式：圆柱形和圆锥形。白天光线良好时，锥形成像元活动能力强，我们以锥形成像元接收色彩、形状和细节的讯号。柱形成像元比较小，但更为敏感，它们在夜间或光线不良的情况下发挥作用，它们更敏感于物体的活动。

柱形成像元含有一个色素叫视觉紫。这种色素受到光照时会发生化学变化而变白。柱形成像元要想发生作用，必须先在黑暗中还原。当观察者走进一个黑暗的房间，虹膜迅速张大以便让更多的光线进入眼睛，但视觉紫的适应性(黑暗适应性)在几秒钟里无法全部完成。维生素 A 是用来替换和复原视觉紫的，如果维生素 A 缺乏一个月，便会得夜盲症。

柱形成像元和锥形成像元在视网膜上的分布并不均匀。在视网膜中心，柱形成像元的密度较小，而锥形成像元在直对瞳孔的那一区域(小凹)分布最密，这是视觉最敏锐的区域。柱形成像元多分布在视网膜边缘，在小凹区根本就没有柱形成像元。因此，要想在夜里看得清楚一些，就不得不向旁边看看，这样能使图像落到上凹旁边，遇到柱形成像元。这种技巧对那些依赖于夜间视力的驾驶员来说是相当熟悉的。

尽管通常焦点都落到小凹上，但光线同时也刺激着视网膜周围区域的成像元(边缘视觉)，即使观察者直视其物，仍然对周围环境有所知觉。在边缘视觉中，观察者对总的形状比对细节更了解。边缘视觉对物体的运动更敏感。这种从眼角中看东西的能力相当重要，特别是对驾车行驶更加重要。一个人如果失去了这种边缘视觉，就称为隧道式视觉，这就是说，他只能笔直朝前看。

8. 眼的活动

即使头不移动，观察者也可以迅速地以移动眼珠来扫视广阔的视野。因为有三对肌肉在控制观察者的眼球：一对使之左右移动，一对使之上下移动，还有一对使之旋转。两只眼的肌肉互相配合，使图像落到相应的视网膜上。眼肌肉的畸形会导致视力上的麻烦，如斗鸡眼(眼珠相对)、外斜视眼(眼珠向两边分开)或弱视。除非经过矫正或佩戴眼镜，不然看东西会出现双层图像[12]。

观察者的眼有几种基本的活动：当观察者转动眼或头跟踪一个活动的对象时，做出一种缓慢的移动或转动；当观察者的眼从一个注意点跳到另一个注意点时(如在阅读、看画、浏览风景)是一种快速跃动。有些快读技巧就是训练观察者在每个注意点上少花时间，从而降低总的注意时间。这时视野快速连续地通过视网膜，它们仅仅表现为一些模糊的斑点。当观察者欣赏艺术作品时，眼是一种注视式的活动，所以艺术作品的大小面积在欣赏中也相当重要。在看一幅巨大的绘画或雕塑时，观察者在这么广阔的篇幅里有好多注视点。可是看一张印刷的复制品时，整幅作品就只有一个注视点了。许多现代艺术家创作巨幅作品，这样就能让观众参与更多的视觉活动，这比看一般小作品有更多的感受。

眼睛还有一种运动就是快速震颤，频率可达每秒三十至七十次。这种连续不断的运动对人的正常视觉也是必不可少的，因为聚落到同细胞的图形几秒钟就得消退。观察者的眼一动不动地盯住白墙上的斑点，由于视网膜细胞的饱和作用，眼前的斑点会交替地出现、消失。这种连贯的、细微的运动把图像传递到不同的成像元，又不断地取得新的刺激来补充这种消退作用。

一些简单的连续图案就具有闪光、颤动的效应，可能就是由于眼的这一快速震颤运动，也可能还混杂着后像作用和边缘对比作用。

人类的视感觉即便在眼睛里也已经进行了高度的选择，因为眼只能接受某些特定的信息，并对其做出反应。最终到达视网膜的光波提供了诸如深度运动、体积、形状、质地等基本的视觉感受。观察者对周围世界真实和自然的推断正是基于光在这一精巧而又复杂结构中的演绎。这个结构中所有的部分必须协调工作，任何细微的失误都能导致整个过程的破坏。

2.1.2 视觉原理

人们能看见周围物体的明亮、形体、颜色、动静和立体的感觉，即光觉、形觉、色觉、动觉和立体觉(看见物体的远、近、深、浅)等的综合感觉，称为视知觉。

人通过眼睛的视知觉可以感受周围绚丽缤纷的世界。人的视觉体验需要经过这样一个过程：周围环境的光线被眼睛的角膜收集和汇聚之后，通过眼前房(里面充满眼房液)；然后光线再通过瞳孔和虹膜上的开口，虹膜内肌肉的舒张和收缩改变瞳孔的大小，控制进入光线的数量；最后，光线通过玻璃体液投射到视网膜上；汇集在视网膜上的图像经过视神经传递到大脑，由大脑对接收的视觉信息进行分析和译码，当我们得出"看到什么"的结论时，视觉体验的过程才算完全结束。人眼视看的解剖分析如图 2-2 所示。

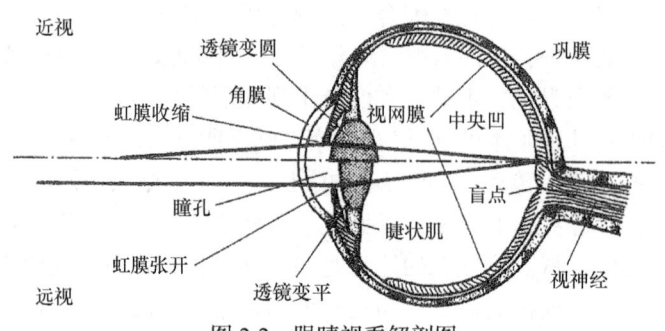

图 2-2　眼睛视看解剖图

通过眼睛人们可以感受周围环境，不过即便对同样的景物，每个人得出的结论却不尽相同。因为眼睛只完成了对外部信息的收集工作，而完整的视觉体验还包括人脑对视觉信息的反应。而不同人的个体差异使得出的结论带有主观的色彩，因此视觉体验的主观性特征是客观存在的。这也告诉从事视觉和照明设计的人们，对视觉体验方面的考查应从客观和主观两方面同时进行，这样才能保证结论的合理性。

2.1.3　环境对视觉的影响

大多数人都有过这样的视觉体验：白天，当我们从明亮户外环境进入黑暗的室内环境时，感觉自己像失明了，需经过一段时间才能逐渐适应；晚上，从明亮的房间走到昏暗的路上，起初会觉得光线太暗，影响对周围环境的观察，经过一段时间后，慢慢可以看清周围景物；或者，在商场买衣物，回到家后发现衣物不是自己在商场看到的颜色。

我们常常依据光环境的亮度、色彩和对比度来判断视觉环境的特征。由此可见，没有光线或光线明暗变化会影响我们的视觉对周围环境特征的准确判断。

在全光谱的照明条件下，人眼对物体色彩的判断最准确。换言之，任何缺少或加强某个波段光谱的光源都会影响人眼对物体颜色的判断。人工光源中，最接近全光谱的光源是白炽灯和卤钨灯这一类的热辐射光源。钨丝灯和卤钨灯光源色表呈现黄白色，如果以自然光 100 的显色指数作为参照，钨丝灯和卤钨灯的显色指数高于 90。在这些光源下，物体显现出最真实的颜色。而在高压汞灯和低压钠灯下，同样的物体显现的颜色却偏暖，因为这两种光源的显色指数均低于39。但是人的视觉系统对色彩的认知具有恒常性，即使在不同显色指数的光源下，大脑也能对视觉神经感知到的颜色进行加工，最后得出对物体本色的认知，这就是为什么在夜晚昏暗的光线下，我们仍然知道树叶是绿色的，而不是红色的。

在同样的光照条件下，影响人眼对环境中亮度感知的因素来自两方面：一方面受到颜色物理亮度的影响；另一方面受到物体与环境之间亮度对比关系的影响。

物体表面的光滑程度、材料的质感和色彩属性等因素直接影响人眼对物体亮度的判断。例如，在同样的人工光照环境中，同样体积的两个立方体，灰色金属质感的立方体比灰色布面的立方体看起来亮很多。这是因为金属材质的反射系数高于表面颗粒较粗的布面，进入人眼的光线较多。

另外，由于受到视野中的环境亮度和物体亮度之间对比度影响，眼睛对亮度的感知有所不同。从理论上而言，当环境亮度保持为 $100cd/m^2$，物体亮度与环境亮度的比值为 3∶1 时，人眼的感受性最高。例如，将同样体积、颜色和质感的立方体放置在不同照度的环境中，与 $100cd/m^2$ 亮度的环境相比，人眼能更迅速地判断出亮度为 $300cd/m^2$ 的立方体的特征。

当环境亮度逐渐升高时，即使物体亮度和环境亮度的比值为 3∶1，眼睛的感受性下降趋势也较迅速；如果环境亮度逐渐下降，物体亮度和环境亮度的比值仍是 3∶1，眼睛的感受性下降趋势则较缓。例如，我们暴露在高光下更容易产生眩晕，而处在昏暗环境下感觉更放松。值得注意的是，实际生活中视神经对亮度的判断存在个体差异。换言之，人眼对明暗的适应性不同，作出的判断也不同。

2.1.4 视觉特性

1. 识别阈限

能引起视觉体验的最低限度的光量称为识别阈限，此概念的产生起源于心理物理学的研究。心理物理学主要研究物理刺激及其产生的心理行为和体验的关系。

德国物理学家费希纳是心理物理学研究领域最重要的人物之一，他提出了测量物理刺激强度(用物理单位测量)和感觉体验大小(用心理单位测量)之间关系的方法。其目的是研究、确定阈限并建立感觉强度和刺激强度之间关系的心理量表。

将该科学的研究方法应用于照明研究中，就能以量化的方式解释人的视觉体验与光的度量之间的关系，就能确定人在多大的亮度范围内可以感受到光的刺激。根据视觉的绝对阈限测量试验确定，人的最低觉察阈限为"在晴朗黑夜中 30 英里(48km)处看到一根燃烧的蜡烛"，同样的试验可以确定人的视网膜能承受的最高亮度为 $106cd/m^2$，超过此亮度，视网膜会受损，从而引起识别障碍。

2. 视觉的灵敏度

人眼在可见光谱范围内的视觉灵敏度是不均匀的，它随波长的变化而变化。可见光的波长为 380～780nm，人眼对黄绿色的敏感度最高。在低亮度水平时，整个眼睛视觉灵敏度曲线会左移，相当于靠近较短波长，其最敏锐的高点是 507nm 位置，这个曲线称为暗视觉灵敏度曲线；在高亮度水平时，视觉灵敏度曲线会右移，其最敏锐的高点是 555nm 位置，如图 2-3 所示。

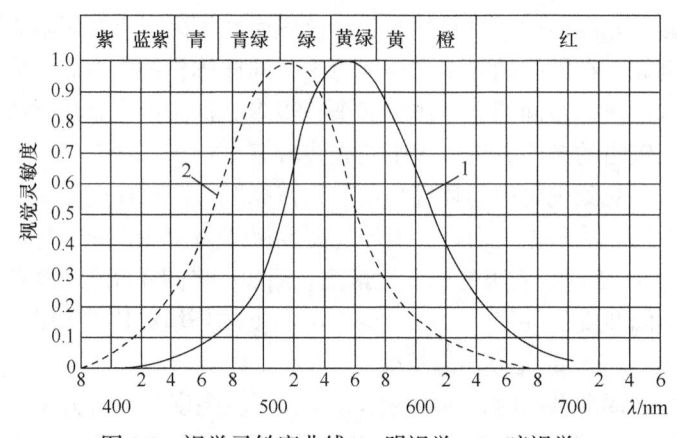

图 2-3 视觉灵敏度曲线(1. 明视觉；2. 暗视觉)

但是人眼的视觉灵敏度除了与波长有关外，还受到光源的亮度、环境与目标物亮度的比值、体积、颜色等相关因素影响。可见，视觉的灵敏度是一个非常复杂的综合性问题。

目前，关于视觉灵敏度的研究，人们普遍接受的研究结论有：

(1) 室内环境的亮度与目标物亮度的比值为 1∶3 时，人眼能迅速辨别其之间的差异。

(2) 当目标物的亮度小于环境亮度的 1/5 时，视觉灵敏度会降低一半以上。

(3) 当目标物的亮度大于环境亮度的 5 倍时，视觉灵敏度也会降低一半以上。

(4) 室内最常用的照度范围是 500～1000lx，因此室内普通墙面的亮度应保持为 50～100cd/m^2。

3. 明视觉、暗视觉

人眼的视网膜上有两种视觉细胞，即锥状细胞和柱状细胞。约 700 万个锥状细胞不但可以接受色彩的刺激，还可以感受亮度的刺激。所以，在白天自然光下，人眼可以同时识别彩色与非彩色的物体。到了夜间或暗处，约 1.2 亿个柱状细胞取代锥状细胞发挥作用。此时，人眼对白色和灰色的感受力加强，对其他色相的感受力下降。

试验结果显示，当环境亮度大于 $10cd/m^2$ 时，完全由锥状细胞起作用，视觉最敏感的波长在蓝、绿色光波长区间中，科学家将处于这种亮度环境中的视觉特性称为明视觉；当环境亮度低于 $10cd/m^2$ 时，柱状细胞取代锥状细胞起作用，人眼感觉色彩的能力下降，科学家将处于这种亮度环境中的视觉特性称为暗视觉。

4. 视觉适应

眼睛还能根据所观察的物体的远近和环境的亮暗进行调节和适应，以获得最好的视觉功能。眼睛成像用的水晶体是有弹性的，它的曲率由两边的睫状肌控制。在观察近的物体时，水晶体鼓起来；在观察远的物体时，水晶体变扁平。通过改变水晶体曲率即水晶体的焦距，目标无论远近都能很好地成像在视网膜上。眼睛的这种对远近物体调焦的过程称为调节。

人眼对环境明暗的适应有两种：一种称为明适应，是指人从黑暗环境到明亮环境时眼睛的视觉适应，这一适应过程包括瞳孔的缩小和由柱状细胞向锥状细胞的过渡；另一种是暗适应，是指人从明亮环境到黑暗环境时眼睛的视觉适应，此过程是由瞳孔的放大和由锥状细胞向柱状细胞过渡来完成的。明适应的时间较短，通常仅需数秒，2min 已完全适应；暗适应的时间较长，完全适应的时间长达 20min～1h，具体视明暗环境的亮度差异而定。在照明设计时必须要考虑人眼的适应问题。

如果视场内明暗急剧变化，眼睛不能很快适应，就会造成视力下降。视力也叫作视觉敏锐度，表示人眼睛能识别到细小物体形状的程度。当眼睛能把两个非常接近的点区别开来(处于人眼达到刚能识别与不能识别的临界状态)时，这两点与人眼之间连线所构成的夹角称为视角 θ，以弧度 $(1/60°)$ 为单位。视角 θ 的倒数 $1/\theta$ 即称为视觉敏锐度(即视力)。视力随亮度的提高而提高，还与被识别物体周围的环境亮度有关。由于视场亮度急剧变化而造成的视力下降，通常可通过减缓亮度变化速度、满足视觉适应所需时间加以改善。例如，在隧道入口处需做一段明暗的过渡照明，以达到一定的视力要求；而因为明适应时间短，所以在隧道出口处的照明处理要相对简单得多。

5. 视野

人的眼睛所能看到的区域称为视野。整个视野范围涵盖左、右共 180°(双眼重叠的区域为 120°)，中央视线往上 60°、往下 70°。最有效的视野范围在中央 30°视角内,可提供清楚的视觉影像与色彩信息;越往视野周边信息越不精确,主要依靠对明暗强度的反应分辨视觉线索,周边视觉仅供视者维持一般方向感与空间动态活动的察觉。

2.2 驾驶员的视觉特点

人需要借助视觉辨识感知周围环境中物体的明亮、形体、颜色、动静和立体等,在高速行进的车辆中,驾驶员的视觉与一般人的视觉比较,有其特殊性,而隧道的封闭环境更是让这种特殊性变得更为显著,因此,驾驶员要能够及时判断道路状况,对道路安全隐患作出及时、正确的反应,则对其视觉有更高的要求。

2.2.1 驾驶员的作业

驾驶员的作业是很复杂的,其中和道路照明有关系的有以下方面:
(1) 必须按既定路线执行长时间的动作;
(2) 必须在最短的时间里作出有关超车和躲避障碍物(如位于其行进路线上的行人)的决断;
(3) 必须在短时间里判断出其在车流中所保持的位置,知道是否有其他车辆闯进他的环境中。

驾驶员所进行的复杂作业可以用下面的基本机动动作来说明:
(1) 停车(制动);
(2) 调整速度;
(3) 调整横向位置。

不同的机动动作不是都需要相同的执行空间,其中"停车"需要最大空间(包括运行距离和时间)。要确保驾驶员能够在障碍物前停车,就必须能够在很远距离以外发现障碍物。这一距离称为视距,它至少必须等于制动距离,其中包括观察和反应时间(包括驾驶员的反应、应用制动器、车辆减速的时间)所对应的距离和实际的制动行驶距离。速度越大,需要的视距越大。这就说明,要使驾驶员能够安全停车就得在视距或视距外能够准确、及时地获得有无障碍物的视觉信息。

综上所述,为了使驾驶员能够安全、迅速和舒适地行驶就必须为驾驶员创造一个良好的视觉条件,使他在视距以外能获得一系列的视觉信息,具体如下:
(1) 道路上有无障碍物或行人,以及它们位于何处的信息;
(2) 道路宽度、线形和构造;
(3) 道路上是否存在特殊场所(交叉路口等)及其所在位置信息;

(4) 路面的状况如何,有无缺陷损伤,以及它们位于何处的信息;
(5) 是否有同时使用该道路的其他车辆,以及它们的种类和运行速度的信息;
(6) 道路外围设施状况(如道路标志等)。

2.2.2 驾驶员的视野

在道路上高速行进的驾驶员的视野范围与一般行人的视野范围是不同的,车辆行进速度越快,驾驶员的视野就越窄。因为在高速行驶的状况下,驾驶员眼睛越专心注视前方,视野便会随着车速的增加变得越发狭窄,从而导致移动中的周围事物无法深刻地经由眼睛进入大脑中作判断,只能看清楚焦点附近的物体,这就叫做动体视野。汽车行进速度与视野角度的关系如表 2-1 所示。

表 2-1 汽车行进速度与视野角度的关系

行进速度/(km/h)	视野角度/(°)
0(静止时)	200
40	100
70	65
100	40

国际照明委员会(CIE)建议,驾驶员观察路面的视点高度为 1.5m、视角为 1°时,其注视范围为 60～160m,如图 2-4 所示。

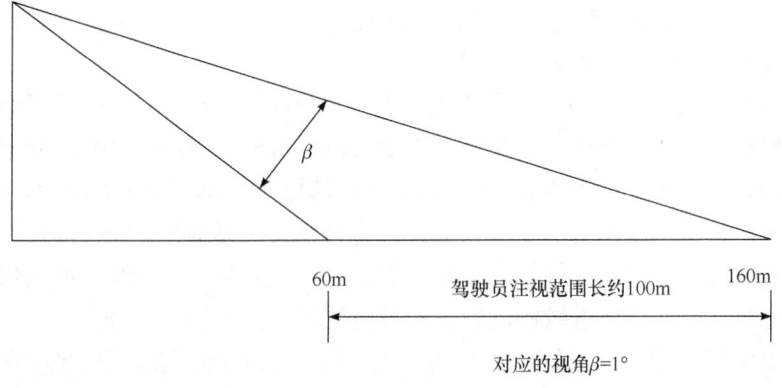

图 2-4 驾驶员的注视范围示意图

2.2.3 影响驾驶员视看的条件

影响驾驶员视看条件的因素有:
(1) 路面平均亮度,对隧道来说还有作为背景的墙面亮度;
(2) 路面亮度的均匀度;

(3) 物体的亮度；

(4) 物体与背景的亮度对比；

(5) 观察物体的有效时间；

(6) 眩光程度。

此外，其还与物体的形状、轮廓的清晰度、在视野中的位置，以及是否出现在预料的位置上，或是突然出现在非预留位置上等有关。视觉是以生理量度量的，受观察者的精神、视力、身体状况的影响，还受气象(如雾等)和空气混浊程度的影响。

2.2.4 影响驾驶员视觉的因素

1. 适宜的亮度

适宜的亮度是物体在人视网膜上成像引起视觉的基本条件。物体表面亮度越大，视网膜上像的照度就越高，就看得越清楚。视觉与亮度的对数成正比，通过试验可知，人眼可以感觉到亮度为 $1/\pi \times 10^{-5} cd/m^2$ 的物体，该亮度值称为最低亮度阈。当亮度为 $1/\pi \times 10^4 cd/m^2$ 时，人眼识别物体的灵敏度最高，超过此值后，灵敏度开始降低；亮度超过 $1/\pi \times 10^5 cd/m^2$ 时，视力则极度下降，甚至会引起视觉损伤，该值称为视觉上限。这种刺眼的视觉状况称为眩光。

亮度(L_θ)是一个具有方向性的物理量，当人眼从不同的方向观察同一对象(或背景)时，能感觉到对象(或背景)的亮暗程度是不相同的。决定对象(或背景)亮暗程度的并不是对象(或背景)在发光面上的发光强度，而是垂直于视线方向上的单位投影面积($dA\cos\theta$)的发光强度(I_θ)。

被观察的表面在不同入射光线照射下，对象(或背景)亮暗程度随观察方向而变化的特性称为亮度特性。它反映了对象(或背景)的反射光在空间的分布情况。如前所述，当被观察的表面的反射光亮度与入射光的方向和观察方向均无关时，称这种表面为均匀漫反射面。严格地讲，均匀漫反射面是很少的，但是粗糙的无光泽的表面可以近似地看做均匀漫反射面。在隧道照明中，光线投射到粗颗粒路面材料上时，其表面可看做漫反射面；投射到具有光泽的墙面材料上时，可观察到定向漫反射。实际上，没有100%的反光材料，任何表面上的反射亮度在数值上永远小于投射到同一表面上的照度。路面和墙面是隧道中的背景，改善路面和墙面的反射率，对于提高隧道亮度是非常有用的。

2. 对象的大小

"对象"就是能够看到的物体或物体的一部分。能否看清对象，除了依赖于照明条件外，还取决于对象的大小。由日常经验可知，当观察距离很近时，对象的外形轮廓及细部都是清晰的；但是随着观察距离的增大，观察的对象就会逐渐变得模糊不清，并且失去棱角，产生显著的变形。

3. 对象和背景的亮度对比

在观察方向上，若对象的表面亮度为L_0，背景亮度为L_b，则对象与背景的亮度对比值C可用以下公式计算：

$$C = \frac{L_b - L_0}{L_b} \tag{2-1}$$

C值表示对象与背景亮度差别的大小，C值越大，对象可以被识别得越清楚。C值小到某值以下时就不能识别对象了，人眼开始不能分辨对象与背景的亮度对比值称为亮度对比阈，以ε表示。当$L_b > L_0$时，C为正值，称为正对比度；$L_b < L_0$时，C为负值，称为负对比度。对比度无论为正还是为负，效果都是相同的。但是识别对象时，必须满足$|C| > \varepsilon$。亮度对比值是决定对象可见性的主要因素。试验(静态条件下)可得亮度对比阈的倒数与背景亮度之间的关系，如图2-5所示。

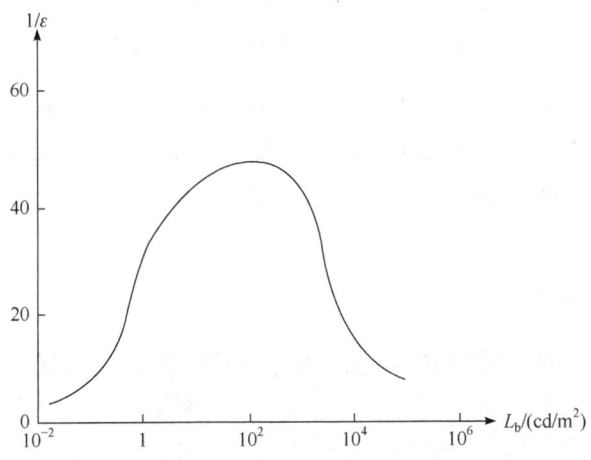

图2-5 亮度对比阈的倒数与背景亮度之间的关系

当背景亮度L_b在$10 \sim 10^4 \text{cd/m}^2$这样大的范围内变化时，亮度对比阈接近一个常数(约0.02)，并且与对象的视角和形状有关。对象的视角越大，对应的亮度对比阈就越小，但是当视角$\alpha > 30°$时，其近似为一常数。无论视角再怎样增大，ε值也不再减小。对于正常人的眼睛，该值约为0.02。换句话说，亮度对比值越小，对应的视角阈就越大。但是当亮度对比值的绝对值$|C| \ll 0.02$时，对象的视角阈趋于无穷大，即无论怎样增大对象的视角，都无法满足可见性的要求。另外，在同样的视角条件下，线状对象的亮度对比阈要比非线状对象小得多。换句话说，在

亮度对比值相同时，线状对象的视角要比非线状对象小得多。

人眼刚刚能够知觉的最小亮度比称为阈限对比，符号为 $\bar{C}$。阈限对比的倒数，即表示人眼的对比感受性，也称为对比灵敏度，符号为 Sc。

Sc 显然不是一个固定不变的常数，它与照明条件、观察目标的大小及呈现的时间等因素有关。对比感受性与背景亮度的关系如图 2-6 所示。

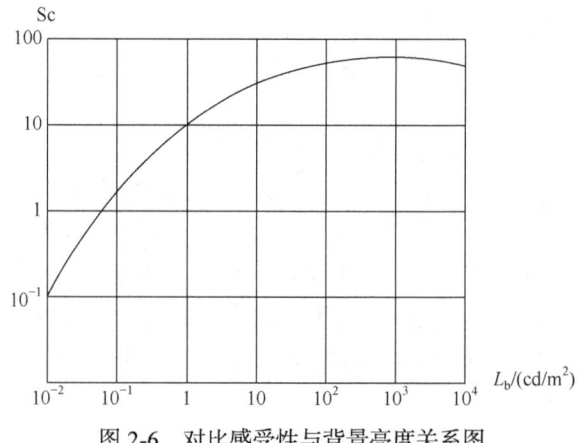

图 2-6 对比感受性与背景亮度关系图

由图 2.6 可以看出，Sc 随 L_b 增大而上升，在 L_b 达到 100cd/m² 以后即接近最大值，之后，尽管 L_b 在绝对数值上仍有比较大的增加，但 Sc 已无大的上升空间。相反地，当 L_b > 1000cd/m² 以后，Sc 反而有所下降，这主要是背景亮度过大而产生眩光的缘故。

4. 颜色对比的影响

人的眼睛所观察到的世界，暗视觉时色调是灰色的；只有在亮度达到适当值，明视觉发挥作用之后，世界才不仅仅是灰色的，而是五彩缤纷的。所以在大多数情况下，对象与背景之间不会单纯地存在亮度对比，而是还伴随着颜色对比，即存在着颜色上的差别。

颜色可以分为彩色和非彩色两大类。非彩色是指由白色、浅灰、中灰、深灰，直到黑色，称为白黑系列；彩色是指白黑系列以外的各种颜色。颜色是各种波长不同的可见光在人眼中产生的感觉。例如，波长为 580～595nm 的是黄色，480～550nm 的是绿色，620～760nm 的是红色等单色光。但通常各种对象和背景反射到人眼中的光线都是各种波长光的组合，有些颜色是由各种单色光所引起的综合感觉，但是人眼不能一一区分光谱的组成。例如，波长为 700nm 的红光和 540nm 的绿光按一定比例混合在一起，引起人眼的感觉与波长为 580nm 的黄光一样[13]。

亮度对比是识别对象的主要因素，颜色对比则为其辅助因素。实际观察表明，一个亮度与背景亮度相同、仅存在颜色对比的斑点，人只能在距离很近时才能把它和背景区分开，而在很远的距离上它就和背景发生混色现象而融合到一起了。当它和背景既存在颜色对比又存在亮度对比时，混色现象就难以发生，并且与亮度对比相同的黑色斑点的视角阈几乎相等。另外，在彩色斑驳的背景上，人眼的视角阈将要加大，这主要是由背景亮度不均匀造成的。颜色的作用是非常重要的。在道路照明中，"光斑效应"不仅影响到驾驶员视觉的舒适性，更重要的是影响其识别对象的能力。从这个观点上看，隧道内不能有斑驳状图案及"光斑"，即使在露天道路上的交叉口、弯道上也不应当有斑驳状图案，以免导致交通事故。另外，设置的道路标志图案，只有颜色差别是不够的，更重要的是亮度对比。

5. 环境亮度的影响

照明的目的是为对象及其所在环境或对象的背景照明。这里主要有两个问题：一是光过分地集中在车行道上，驾驶员的眼睛就会变得只能适应这个亮度水平，从而减弱了对较暗区域的观察能力；二是观察对象时需要有背景衬托，如果背景没有足够的照明，对象将缺乏立体感，因而变得难以被发现。前者可选择合适的照明器，使道路外延约5m处的照明水平不低于其毗邻的车道内5m处亮度值的50%。在隧道内不存在外延，但应加强墙面的照明，提高墙面材料的反射系数。

对背景亮度的要求是足以识别背景。隧道内的背景主要是路面和墙面，顶棚也可以是背景。从这个角度上讲，顶棚应该是浅颜色的，但是顶棚很容易脏，所以清洗工作量较大，有一定困难。足够亮的背景才能衬托出对象的轮廓和相对位置，使驾驶员作出准确的判断，保证行车安全[14]。

6. 空气对能见度的影响

1) 空气对光通量的衰减作用和光幕

发光(或反光)物体的光通量，必须经过空气才能到达人的眼睛。其在传播的过程中必然受到两种作用：一种是吸收作用，即空气把其中一部分光通量转换成其他形式的能量；另一种是散射作用，即空气使其中另一部分光通量偏离了原来的传播方向，散向任意方向。空气的散射是造成定向传播的光通量衰减的最主要原因。空气不仅会把来自对象的光通量散射出去，使对象的亮度降低，还会把日光散射到观察方向上来，使对象与观察者之间形成一层明亮的光幕，使对象的亮度得到增强。如果空气透明度很大，以明亮光幕为背景的远处的山，会因光幕作用而变得明亮起来。

由于在隧道洞口，汽车排出的烟无法消散而涌出洞口形成烟雾。如果烟雾很多，在阳光照射下产生光幕，亮度对比就下降很大，势必影响到障碍物的可见性。为消除这种影响，有的隧道在入口上方设置了排烟通道，使大部分烟雾不再涌向洞口，而由通道排出。

2) 空气的散射作用

散射是指空气组成成分把原来向一个方向传播的光变成向各个方向传播，使原来光线减弱的现象。空气中不同的组成成分对不同波长光线的散射作用不同，可以分为以下两种情况。

(1) 分子散射。

它的散射源是气体分子，其尺寸比可见光的波长小得多。这种散射的特点是散射光的强度与波长的四次方成反比。所以，波长越短的光线，受到的散射效应就越强，而长波长的光线则不易被散射。

(2) 悬浮粒子的散射。

悬浮于空气中的各种固态和液态微粒如烟、雾、尘埃等，是形成悬浮粒子的散射源。这些散射粒子的大小很不规则，其半径分布在 10～100pm 这样广阔的范围内。它们对各种波长的光线的散射作用因微粒大小不同而不同，当散射粒子的半径比可见光波长小得多时，其散射作用与分子散射相同；当散射粒子的半径与可见光波长相近时，其散射作用为最大；当散射粒子的半径比可见光波长大得多时，其散射作用与波长无关，此时散射光谱与入射光谱相同，称为漫射。

雾粒子半径通常大于 3～5μm，所以它对可见光的散射无选择性。雾越大，散射性就越强，雾的颜色就越白，也就越不透明。由于雾粒子的影响，一部分光向驾驶员方向散射，使其可以看到雾中出现的光幕。要通过光幕看到观察对象，驾驶员要经过相当的努力才能做到，如果驾驶员在雾中打开前大灯，会出现"白壁现象"。

空气中的悬浮粒子越少、越小，其对可见光的散射作用与波长的关系就越大，成为有选择性的散射。对于下层空气分子来讲，主要是波长较短的蓝色光被散射出来。由于这种有选择性的散射作用，来自对象(或背景)的不同波长的光线将受到不同程度的散射。另外，在对象(或背景)与观察者之间的气幕主要是短波散射光幕。这样对象(或背景)既会改变亮度，又会改变颜色，最终与蓝色气幕相融合。由此可见，亮度对比是决定对象可见性的主要因素，颜色对比是次要的。

7. 透过率

在公路隧道内的空气中，或多或少地存在着污染物质，如汽车卷起的尘埃、柴油车引擎产生的煤烟、氮氧化物所构成的烟雾、水蒸气及其凝结而成的雾等，其中最主要的是尘埃和煤烟。

光通过污染空气时，入射光通量中的一部分被吸收，一部分被散射，其余部分得以通过。这三部分之和等于入射光通量，分别把这三部分光通量和入射光通量之比称为吸收系数(α)、反光系数(ρ)和透光系数(τ)，由于 $\rho+\tau+\alpha=1$，所以

τ 是小于 1 的系数。在公路隧道中,为了描述光透过空气的能力,用 τ_{100} 表示光通过 100m 空气的透过率,则

$$\tau_{100} = \frac{E}{E_0} \tag{2-2}$$

式中,E 为某一光源所发出的光照度;E_0 为该光源通过 100m 的污浊空气和清洁空气后的照度。

行驶速度不同时,对 τ_{100} 有不同的要求。国际道路会议常设协会(Permanent International Association of Road Congresses,PIARC)提出:$v=80$km/h 时,$\tau_{100}=0.6$;$v=60$km/h 时,$\tau_{100}=0.48$;$v=40$km/h 时,$\tau_{100}=0.4$。

同时指出,$\tau_{100}<0.3$ 是不允许的。有的国家,如日本,把 $\tau_{100}=0.5$ 作为国家标准。由于烟雾的深度不同,同一光源的透过率不同。烟雾浓度相同时,不同类型光源的效果不同,其视距也不同,如钠灯视距为 80m,荧光灯视距为 45m。

8. 观察时间的长短

观察尺寸大的物体只需很短的时间,在驾驶员眼睛不停地注视视野内的物体时,发现视野内的障碍物的时间不小于 0.1~0.2s。同一物体,照度越高(背景亮度越大),识别时间越短。对处于运动状态的驾驶员来说,辨别障碍物的时间受到限制。驾驶员从发现障碍物直到进行判断和作出制动的反作用时间总共只有 0.5s,是相当短的,所以应该保证足够的照度。识别时间还受视觉适应的影响,不论是暗适应还是明适应,识别时间都会受到影响。急剧和频繁的视觉适应会增加眼睛的疲劳,使视力迅速下降。忽明忽暗的路面、墙面的亮度改变是应该受到限制的,此即为后面将要讨论到的均匀度问题。

9. 相对运动速度

相对运动速度是影响驾驶员动态视觉特征的基本因素。40 多年来的所有研究都表明,随着相对运动的增加,人眼的最小可辨视角增大,动态视觉的感知能力下降。日本的本桥在对视力与角速度的关系进行了深入的研究以后,提出二者之间具有线性关系,角速度大则视力低落。也就是说,目标物运动速度慢,易被驾驶员看见;反之,目标物运动速度快,则驾驶员不易看清楚,动态视觉特征变差。因此,控制车辆行驶速度,特别是在复杂路段限制车辆行驶速度是非常必要的[15]。

10. 道路及环境

由于驾驶员在行车时所搜集的信息 80%以上为路面信息,所以路面状况良好,驾驶员的动态视觉就容易捕捉所需信息。反之,路面不良,出现积雪、凹坑或有

障碍，就会分散驾驶员行车时的注意力，影响驾驶员的动态视觉。另外，不可忽视的是道路侧向景观的影响，尤其是野外公路，侧向景观单调且具有重复性，容易引起"道路催眠"现象，使驾驶员产生动态视觉疲劳，影响行驶安全。因此，为了保证行车安全，要求在进行道路设计时不仅要考虑有良好的路面、合理的线形，而且要有美丽的景观、良好的道路环境。

11. 驾驶员的年龄

由于动态视觉特征反映的是所有视觉和眼肌系统的整合功能，因此，年龄因素的影响是很明显的。罗德维夫(Ludvigh)等早在20世纪50年代就提出，年龄因素对驾驶员动态视觉特征的影响表现为负效应。即动态视觉特征衰退得比较早，而且衰退速度比较快。日本人曾对2697名18～70岁的职业驾驶员进行动视力检测，结果也得出了同样的结论，他们发现静视力从46～50岁开始出现明显的个体差异，有显著下降和正常衰减两种趋势；而动视力则从36～40岁开始显著下降。此外，随着年龄的增长，驾驶员患眼疾的概率加大，一旦患上白内障、青光眼等疾病，将影响驾驶员眼睛的有效移动，不同程度地产生弱视和失视，从而导致视觉机能下降。基于上述理由，对于年龄较大的驾驶员(尤其是职业驾驶员)在驾车时必须要作出合理的限制。

12. 驾驶员的生理状态

驾驶员的生理状态主要是指与驾驶有关的生理状况，如饮酒、疲劳、患病等。众所周知，酒精是一种原生质毒物，它会降低大脑的抑制功能。饮酒之后，不仅视觉机能受到损害，而且对驾驶操作的各个方面都会产生不利影响。疲劳是人体的一种保护性抑制反应，它会使人的眼睛困倦、视物不清，使动态视觉机能难以正常发挥，疾病会使驾驶员身体不适，动态视觉难以持续保持良好状态，特别是在服用一些药物之后，会直接影响视觉机能，对驾驶员的感知和观察产生不良影响。所以，饮酒、疲劳时，应禁止驾驶车辆。驾驶员身体不适时，也应谨慎驾驶。

2.2.5 驾驶员动态视觉特征及其影响

1. 视锐度降低

视锐度也叫视力，它是指人通过视觉器官辨别视野中空间距离非常小的两个物体的能力。通常在静止状态下测得的视力叫静止视力，而在运动状态下驾驶员所具有的视力叫动态视力。实验表明，动态视力随着运动速度的增加而下降。例如，汽车以60km/h的速度行驶时，驾驶员可看清240m处的交通标志，当行驶速度提高到80km/h时，驾驶员连160m处的交通标志都看不清楚了。一般情况下，动态视力比静止视力低10%~20%，特殊情况下甚至降低30%~40%。因此，在车辆高速行驶时，动态视力的降低会使视认距离缩短，影响驾驶员的感知和观察[16]。

2. 视野变窄

视野是指人的头部和视线固定时，两眼所能够看到的空间范围。通常人的双眼视野范围水平方向约为160°~180°垂直方向约为100°~130°为了保证行车安全，驾驶员需要有宽阔的视野，但实际上，随着车速的提高，驾驶员的视野在变窄，如表2-2所示。

表2-2　不同车速下驾驶员视野的视角

速度/(km/h)	40	60	70	75	80	100
视野范围/(°)	100	75	70	65	60	40

为什么车速会影响视野呢？这是因为车辆在行驶时，驾驶员总是把注意力集中在前方路面上，车速越高，注意力越集中且越难于转移。同时，车速越高，驾驶员的注视点越远。根据实验，不同车速下驾驶员注视点的距离如表2-3所示。这样，两眼凝视远方并集中于一点，形成"隧道视觉"，使驾驶员的视野变窄。驾驶员的视野过于窄小，就会影响对车辆两侧情况的感知，进而影响交通安全。

表2-3　不同车速下的注视点距离

速度/(km/h)	40	72	105
注视点距离/m	183	366	610

3. 空间识别范围缩小

空间识别能力是指人们对事物的大小、运动状态及空间距离的辨认能力。在车辆行驶中，对于在车辆周围距离较近的物体，驾驶员很难分辨清楚。因为距行驶车辆越近的物体，其相对运动角速度就越快，在驾驶员眼睛中的映象就越模糊。实验表明，当行驶车速为64km/h时，驾驶员只能看清24m以外的物体，当行驶车速为97km/h时，驾驶员只能看清34m以外的物体，要想识别比上述距离还近的物体，几乎是不可能的。当然，如果物体在427m以外的较远距离处，则因物体映像过于细微，要确认其细节也是不可能的。因此可以认为，当车速为97km/h时，在34~427m之间的物体(视角为40°)，在驾驶员看来是在可识别的空间范围内的。随着行驶速度的提高，该空间范围变小。这就使得驾驶员在高速行驶时，对近距离或远距离的观察更为困难，一旦在很近或很远的距离上出现异常情况，驾驶员就难以辨认。

另外，驾驶员对车外运动物体的辨认，主要是根据其位置变化而进行的。当车辆处于行驶状态时，车外物体的位置变化相对来讲是慢而细小的，车速越高，对这种慢而细小的变化就越难辨认。所以，驾驶员在运动状态下，对外界物体运动状态的辨别能力也会下降。

4. 视觉观察能力下降

研究发现，外界刺激物要引起驾驶员的视觉反应，必须具备两个条件：一是要有一定的刺激强度；二是要有足够的作用时间。通常，驾驶员在视野内觉察一个目标平均约需 0.4s，如果要达到清晰辨认，则平均约需 1s。汽车在运动时，外界景物也将相对运动，随着运动速度的增加，车外景物在驾驶员视野内的停留时间变短。如果在驾驶员视野内的停留时间达不到 0.4s，驾驶员就无法发现目标，如果停留时间达不到 1s，驾驶员就无法分辨目标的细节。因此，随着汽车行驶速度的增加，驾驶员的视觉观察能力下降。

5. 视觉刺激量增大，反应错误增加

在运动状态下，驾驶员的观察时间受到限制，车速越快，给驾驶员的观察时间就越短，而单位时间内对驾驶员眼睛的刺激信息量却越多。这就使得驾驶员很难对车外信息作出准确的感知判断，因而导致大量的反应错误。根据实验，每分钟刺激出现的次数越多，反应错误的次数就越多，如表 2-4 所示。

表 2-4 反应错误试验

每分钟信号出现次数	反应错误次数	占比/%
75	19	25
95	55	58
120	104	87

2.3 驾驶员的视觉心理与视觉生理特性

2.3.1 人机工程学中常用的几种生理指标

随着人类社会的进步和科学技术的不断发展，医学和生理学领域也取得了巨大的成就，这些领域已不单单为治病救人而服务，同时服务于人类社会的各个领域。医学和生理学在人机工程领域发挥着举足轻重的作用。同时交通工程、计算机学等学科的进步，使得人体生理指标越来越广泛地被应用于道路交通安全评价、道路线形设计及测定驾驶员舒适性、疲劳性等领域中。现如今在人机工程学领域得到广泛应用生理测试指标如下。

(1) 心电图 ECG(Electrocardiograph)：心电信号的检测与分析手段包括心率分析、心率变异性 HRV(Heart rate variability)研究等。其因为简单易行而受到广泛应用。

(2) 脑电图 EEG(Electroencephalograph)：脑电信号并结合其他生理指标分析常被应用于疲劳分析领域。

(3) 血压 BP(Blood pressure)：血压变异 BPV(Blood pressure variability)反映了心血管系统对机体内、外环境存在的各种生理扰动的反应性，蕴涵了心血管调节系统的许多重要信息。

(4) 呼吸 Resp(Respiration)：一般认为作业者呼吸频率及肺活量与疲劳有很大的关系，即疲劳后肺活量下降，呼吸频率变慢。

(5) 肌电图 EMG(Electromyogram)：肌电信号通常用于疲劳测试，主要是局部肌肉疲劳的测试。其测试方法相对于脑电图的测试要简单，且结论较明确。

(6) 皮阻皮温：人体阻抗的变化特征受外界因素影响较大，人体的皮温跟心情及紧张程度有关。但其受外界影响较大，一般也在实验室才使用。

另外，人体生理测试指标还包括眼动(eye movement，EA)、眼睛闭合时间比率(percentage of eyelid closure over the pupil over time，PERCLOS)、皮肤电流反应(galvanic skin response，GSR)等。

2.3.2 驾驶员生理测试指标的选择

实验研究表明，人的脑电研究是一个较为复杂的领域，人处于不同的状态会有不同的脑电反应，同一种脑电反应，在大脑各个部位都有不同的分布，而且脑电波是一种极其微弱的电波，在实验过程中容易受到其他一些干扰因素的影响而失真，同时需要驾驶员在绝对安静和静态的条件下进行测量，不适合动态实验。而脉搏、血压、呼吸、皮肤电、肌电等指标，由于具体实施比较困难，反映不明显，设备操作受限等原因，一般也不作为驾驶员生理测试的主要指标。研究学者一般采用心电信号分析及眼电信号分析作为主要的生理、心理评价测试指标。其中，心电信号可以有效地反映驾驶员的心理状态，眼电信号可以反映驾驶员视觉疲劳的状况。

2.3.3 驾驶员生理测试指标的机理及依据

1. 心电信号反映心理状态的机理及依据

正常人的心脏活动，是由自主神经(即植物神经)系统通过末梢对心血管功能实现调节的，以适应人体各器官的代谢需求。自主神经包括交感和副交感神经(即迷走神经)。心率是描述心脏活动最重要的指标之一，心率变化会受体液、心理和外界环境等因素的影响。在遇到精神紧张、外界环境突变或情绪变化时，交感神经兴奋导致心率加快，房室传导加速，心房和心室收缩力加强，冠状动脉扩张，心率加快；反之，在入眠或休息状态下，即迷走神经兴奋，使窦房结自律性降低，房室传导减慢，此时心率比固有心率低。正常情况下迷走神经和交感神经处于相互作用、相互平衡的状态，一天内有一定的变化规律。

通常情况下，正常成年人在安静时的心率有显著的个体差异。同一个人，在安静或睡眠时心率较低，运动时或情绪激动时心率较快，在某些药物或神经体液因素的影响下，心跳速度会加快或者减低。经常进行体力劳动和体育锻炼的人，正常的心率比其他人低。另外，心率有明显的昼夜节律变化，白天心率比夜间高。

驾驶员在行驶过程中，由于受到外界各种因素的影响，经常会产生心跳加快或减慢的现象。在一般道路上行驶时，外界干扰较少，心率约升高 10 次/min；在高速公路、山路或市郊结合处行驶时，心率约升高 20~30 次/min；超车、紧急刹车等情况时，瞬间心率约升高 45 次/min 之多。另外，心率变化还与驾驶员的注意力情况有关。道路线形和周围交通环境的复杂变化是引起驾驶员心率变化的主要因素之一。在线形变化较少、路况单调的道路上行驶，驾驶员的注意力容易放松，心率会下降；在遇到紧急情况需要做出决策并准备采取行动时，心率会升高。心率加快会引起驾驶员心理过度紧张，如果长时间处于该状态，将导致驾驶员过早产生疲劳，从而导致交通事故的发生。

驾驶员在隧道内行驶时，不同行车速度、隧道内的亮度水平、频闪频率及在隧道内行驶时间的长短等因素都会对驾驶员的心理产生一定的影响。心率是反映人体紧张性的有效指标。如当驾驶员进出隧道时，由于明暗适应，无法看清路况，会使驾驶员产生不同程度的紧张感，从而导致心率增加；当驾驶员在长隧道中行驶，车速较快时，周围的景物变化快，频闪频率大，驾驶员开始会感到兴奋，但经过一段时间后则会烦躁、紧张、心率加快，由于过度的紧张和烦躁会导致疲劳，最终会导致心率减低。当速度较慢时，也会使人昏昏欲睡，心率减低。由此我们可以看出，在分析隧道光环境对驾驶员的影响时，可以通过心电信号的研究，衡量驾驶员生理、心理的变化。心率增长率的高低能够在一定程度上反映驾驶员紧张、烦躁的心理状态。

2. 眼电信号反映心理状态的机理及依据

眼电是眼睛运动引起的电位变化记录。眼电的测试方法一般有两种：一种是在眼球上测量；另一种是在眼眶上测量。

眼睛上下的位置存在着一定的电位差，当眼睛处于睁开和闭合状态时，电位差为零，在眼睛闭合的一瞬间，眼睛上下的电位差为一个非零。当眼睛转动时，眼睛的左右两边的位置同样存在着电位差。根据眼睛上下和左右的电位差的变化情况，我们可以通过在这些位置上贴电极片测电位差的方法来记录眼睛的状态。

眨眼频率的高低与视觉疲劳有着密切的关系。眨眼是一种快速的闭眼运动，常见有两种。第一种称为保护性的眨眼，如当外界物体接触到我们的角膜，或有人故意恫吓，都会引起眨眼动作。这种神速的反应，在极短的时间内经历了复杂的神经传导过程，医学上通常叫做"角膜反射"。第二种眨眼则是每个人平时常做的一种动作，并无外部刺激，由于是在不知不觉中做的动作，所以叫做"不自主运动"，通过眨眼能够将眼泪水均匀地分布在角膜和结膜上，保证其不干燥。这种眨眼动作还能使视网膜和眼肌获得暂时的休息，因为眨眼的时候像睡觉一样，眼睛暂时不看东西，眼球向上转，处在一种休息位置。由此可见，当眨眼频率升高时，表明人的眼睛干涩，需要更多的泪液去润湿角膜和结膜，而眼干这一症状恰恰是视觉疲劳的前期症状。同时，眨眼频率的升高还表明，视网膜和眼肌产生疲劳，提高眨眼频率可以使眼肌得到充分的休息。我们都有这样的经验，当眼睛感觉酸胀甚至欲流泪时，即产生视觉疲劳时，我们会增加眨眼次数和转动眼球来缓解视觉疲劳。综上所述，当眨眼频率增加或者眼球频繁转动时，可以判定此时接近或已经产生视觉疲劳。

2.3.4 驾驶员生理及心理特性

驾驶员在以不同的速度(50km/h、60km/h 和 90km/h)行驶于隧道和同等级的公路上时，其心率变化有显著差异；以相同的速度通过光环境不同的隧道时，驾驶员心率变化有显著差异。副驾驶位置的乘客乘坐速度 50km/h 和 60km/h 的车辆通过隧道和同等级的公路时心率有显著差异，当车速为 90km/h 时，心率无显著变化；同时，以相同的速度通过光环境不同的隧道时，副驾驶心率变化无显著差异。以上事实说明，隧道这一特殊的道路交通环境对驾驶员和乘客的心理和生理都产生了较为显著的影响，而对驾驶员的影响更为显著；隧道光环境对乘客的影响与行车速度有关。更重要的是，当驾驶员以相同的速度通过不同光环境的隧道时，心率变化有显著差异，这表明，隧道光环境对驾驶员生理、心理影响显著。

第 3 章　隧道眩光及其对驾驶员的影响

驾驶员在行驶过程中需要不断地借助视觉、听觉来采集一系列的车辆信息和道路信息。在采集大量信息的同时要对这些冗杂的信息进行迅速处理，并且做出合适的判断，从而得到对应的处理方法。驾驶员对信息采集处理过程划分成三个环节，分别为感知环节、判断环节和响应环节。三个环节中任意一个出现问题都极有可能引发交通事故，而在三个环节中，感知环节出现偏差所引发的事故数占总事故数的一半。所以，在整个驾驶过程中感知环节尤为关键。而在感知环节中驾驶员绝大部分的信息都是靠眼睛获得，因此相应视觉信息的获取是保证行车安全至关重要的因素。

在视觉环节中存在较大的亮度对比时，人眼会不自觉地不断在亮度不同的地方寻找所需要的对象，随着亮度的变化人眼瞳孔也会不断收缩，这样会产生眩光使人出现眼部疲劳、头痛、流泪等症状。因此，由于眩光的存在，在设计隧道照明系统时必须要考虑眩光这个因素。

3.1　眩光及其分类

按照国际照明委员会的定义，眩光是一种视觉条件，这种条件的形成是因为视野中的亮度分布不适当，或视野内亮度变化的幅度太大，或在空间、时间上存在极端的亮度对比，引起观察者不舒适或降低观察目标物的能力，或同时产生这两种现象。眩光分为不舒适眩光和失能眩光两种。

3.1.1　不舒适眩光

不舒适眩光是指引起观察者视觉上不舒适感的眩光，是由眩光源的散射光线射入人眼而导致的不舒适性引起的，主要取决于进入眼睛的光线数量，光源的亮度对它影响不大，这种眩光对人眼的视觉能力并不造成实质上的影响。

通常认为，对一个单独的光源来说，不舒适眩光的产生主要取决于以下 4 个主要参数：

(1) 光源在观察者眼睛方向上的亮度 L_s；

(2) 光源在观察者眼睛方向上的立体角 ω_s；

(3) 光源对于观察者视线的角偏移 θ；

(4) 观察者的眼睛现场适应亮度 L_f。

3.1.2 失能眩光

失能眩光是指使观察者的视觉观察能力降低的眩光，而光源的亮度是失能眩光的主要影响因素。失能眩光效应是由于在眼睛里杂散光产生的等效光幕 L_{sc} 叠加到垂直映像上，从而减小了目标物的对比度，降低了目标物的可见度。

等效光幕 L_{seq} 的计算公式有 Holladay、Stiles/Crawford、Fry、Adrian、Hartman、Meskov、Vos 等，这些公式的基本部分都是相同的，即

$$L_{seq} = \frac{kE_{g1}}{\theta^n} \tag{3-1}$$

式中，k 为年龄参数，$k = 9.05\left[1+\left(\frac{A}{66.4}\right)^4\right]$，当年龄 A 为 25 时，$k=9.2$；E_{g1} 为眩光源在人眼处的照度；θ 为眩光源与视线的夹角；n 为与眩光 θ 角相关的参数，当 $0.2° < \theta \leqslant 2°$ 时，$n = 2.03 - 0.07 \times \log\theta$，当 $\theta > 2°$ 时，$n = 2$。

失能眩光的发生机理是光幕亮度降低了目标物的可见度，当不存在眩光源时，目标物的对比度为

$$C = \frac{L_o - L_b}{L_b} \tag{3-2}$$

式中，L_o 为物体自身的亮度；L_b 为背景亮度。
当存在眩光源时，目标物的对比度变化为

$$C' = \frac{(L_o + L_{seq}) - (L_b + L_{seq})}{L_b + L_{seq}} = \frac{L_o - L_b}{L_b + L_{seq}} \tag{3-3}$$

与没有眩光源时的对比度公式相比，两者的分子相同，C' 的分母增加了 L_{seq}，因此 $C' < C$，光幕亮度的存在降低了目标物的对比度。

失能眩光也具有时间效应，如果人们长时间暴露在高亮光源下，眼睛也会非常不适，会影响人眼的视觉能力。

多年来，在公路照明领域主要使用阈值增量 TI 作为明系统的质量评价指标。

照阈值增量 TI 表示失能眩光的程度，该参数是一客观指标，可以通过测量其他照明指标计算得出，其计算公式如下：

$$\text{TI} = \frac{kE_e}{L_{avg}^{0.8}\theta^2} = 641\left[1+\left(\frac{A}{66.4}\right)^4\right]\frac{E_e}{L_{avg}^{0.8}\theta^2} \tag{3-4}$$

式中，A 为驾驶者的年龄；E_e 为由新安装的灯具在垂直于驾驶者视线的平面内产生的照度值，其由纵向 500m 范围内的所有灯具所产生；L_{avg} 为路面的初始安装亮度平均值；θ 为驾驶者视线与每盏灯具中心的角度。

从交通安全的角度来看，失能眩光所产生的负面影响要远大于不舒适眩光所产生的影响，它是造成交通事故隐患的主要光学因素之一。

3.2 人眼眩光的评价标准

驾驶员行驶的过程中需要不断地借助视觉、听觉来采集一系列的车辆信息和道路信息。在采集大量信息的同时要对这些冗杂的信息进行迅速的处理，并且做出合适的判断，从而得到对应的处理方法。研究人员把驾驶员对信息采集处理过程划分成三个环节，分别为感知环节、判断环节和响应环节[17]。三个环节中任意一个出现问题都极有可能引发交通事故，而在三个环节中，感知环节出现偏差所引发的事故数占总事故数的一半。所以，在整个驾驶过程中感知环节尤为关键。而在感知环节中驾驶员绝大部分的信息都是靠眼睛获得，因此相应视觉信息的获取是保证行车安全的至关重要的因素。

在视觉环节中存在较大的亮度对比时，人眼会不自觉地不断在亮度不同的地方寻找所需要的对象，随着亮度的变化人眼瞳孔也会随之不断收缩，这样会产生眩光使人感觉到眼部疲劳、头痛、流泪等。因此由于眩光的存在，在设计隧道照明系统时必须要考虑眩光这个因素。

眩光指标在照明领域的评价指标中都扮演着极其重要的角色。在众多眩光评价指标中使用面比较宽，并被广泛认可的有美国的视觉舒适概率(VCP)、德国的眩光限制系统(亮度限制曲线)、英国的眩光指数(GI)、北欧的眩光指数方法、国际照明委员会(CIE)的统一眩光指数(UGR)和眩光指数(GR)等，这些年来，在公路照明领域应用比较广泛的主要是阈值增量(TI)和眩光控制等级(G)[18]。选择合适的眩光评价方法，有利于明确地表现眩光对驾驶员的影响程度。

3.2.1 眩光控制等级

研究人员把驾驶员安全操控车辆的能力和驾驶员借助眼睛得到并经过大脑判断处理或在某种方面是驾驶员下意识所产生的视觉信息叫做视觉可靠性。视觉可靠性的评价标准一般通过视觉舒适度和视觉功能这两个方面来体现与反应。视觉舒适度被定义为人们在寻找或观察目标物时人眼感觉是否舒适和其等级大小，而视觉功能是人体生理视觉对周围事物的分辨能力。某种条件下的视觉功能取决于被观察物和其背景在亮度方面的对比度。当人们在观察或寻找目标物时，相应的亮度对比度是必不可少的。

其中物体与背景的对比有正、负之分。在现实生活中正对比有着很广泛的应用，包括交警在执勤时都会穿着带有反光条的衣服就是为了能让道路上的驾驶员清楚地发现来保证自身的安全，穿着带有反光条的衣服可以使反光系数增加从而增加了自身和背景之间的对比度[19]。

在阳光下，我们无法看到天空中的星星，但是在夜间，即使再微弱的光也能被注意到。这个例子是在说明，光源发出的光线射入驾驶员眼睛后能否会因眩光而产生不适感，与入射光自身的强度大小没有太大关系，影响其的主要原因是入射光线的光强与背景亮度之间的对比度大小。驾驶员眼睛是否会受到眩光的影响与这个对比度有关，当这个对比度到达某个临界值时，眩光便会影响到驾驶员。当然，这里的临界值会因个体自身条件不同而略微变化[20]。

眩光会给驾驶员带来比较严重的心理影响，不同身体条件的人所感觉到眩光的影响程度一般也不同。通常情况下，不舒适度是有一定规律，它存在一个界限，称为 BCD(Borderline between Comfort and Discomfort)。

在 1927 年，Holladay 经过多次实验得到 G 的计算方法：

$$G = a \cdot \lg L_g + b \cdot \lg \omega - c \cdot \lg L_b \tag{3-5}$$

式中，相应系数 $a=1$，$b=0.25$，$c=0.30$；L_g 为眩光源亮度(cd/m^2)；L_b 为背景亮度(cd/m^2)；ω 为眩光源的张角。Holladay 发现当 $G=19$ 时是对应的 BCD 状态。

霍普金斯则将眩光的影响定义为 A、B、C、D 四级：

A 级——刚不能忍受，$G=28$；

B 级——刚不舒适，$G=23$；

C 级——刚达到可以忍受，$G=14$；

D 级——刚感觉到，$G=10$。

他将原来的 a、b、c 值用 $a=1$，$b=0.50$，$c=0.62$ 所替代，同时将 BCD 值定为 19。

3.2.2 眩光阈值增量 TI 的评价方法

眩光之所以会给隧道内的驾驶员带来巨大的干扰，是因为眩光源里的部分散射光会直接射入驾驶员的眼睛导致眼睛里产生了等效光幕。人眼中有一部分组织叫做屈光介质，它可以使射入的光线散射，之后就会照到视网膜上从而形成相应的视觉。这就好比用一块发亮的玻璃挡在了人眼前面，减弱了人眼的视觉感知，从而也对视功能产生了影响。

从眩光原理上看，导致其形成的原因可以描述为：当没有眩光的时候其对比度定义为 C，计算方法见式(3-2)，存在眩光时因为光幕亮度 L_v 使对比度变成 C'，因为 $C \geqslant C'$ 会使对比度降低。

$$C' = \frac{L_b}{L_b + L_v} \cdot C \tag{3-6}$$

光幕亮度的计算公式如下：

$$L_v = K \cdot \frac{E_{\theta I}}{\theta^2} \tag{3-7}$$

式中，L_v 为等效光幕亮度(cd/m²)；$E_{\theta I}$ 为光源在垂直于人眼视线方向所形成的照度；θ 为人眼视线方向和光源光线射入人眼的入射方向间的夹角；K 为常数，其值与 θ 的单位有关，当用角度来度量 θ 时，K 取值为 10；用弧度来度量 θ 时，$K = 3 \times 10^{-3}$。

因为城市隧道照明质量评定中通常眩光源会有很多，所以在处理现实状况时，必须考虑由所有眩光源 L_{Vi} 所叠加产生的总等效光幕亮度，相应的计算方法如下：

$$L_v = \sum_{i=1}^{n} L_{Vi} \tag{3-8}$$

物体和背景之间的对比度因为等效光幕的形成而被减小了，如果隧道内的驾驶员想要清楚快速地辨别相应的物体，就必须使背景和物体之间的对比度增大。相对阈值增量 TI 就是用来定义在眩光状态下人眼恰好能识别出目标物所应该补充的有效对比的比值，它能准确地度量眩光对人眼影响的大小[21]。于是我们能通过规定相对阈值增量的大小来控制眩光给驾驶员所带来的影响。

在背景亮度大小为 0.05cd/m² < L_{av} < 5.0cd/m² 时，相对阈值增量可以通过如下的公式计算得到：

$$TI = 65 \times \frac{L_v}{L_{av}^{0.8}} \times 100\% \tag{3-9}$$

式中，TI 为相对阈值增量(%)；L_v 为等效光幕亮度(cd/m²)；L_{av} 为路面平均亮度(cd/m²)。

隧道灯具发出的部分逆向传播光线直接射入驾驶员的眼睛，导致眼睛里产生了等效光幕，物体和背景之间的对比度因为有等效光幕的形成而被减小了，从而影响了驾驶员的视觉，如图 3-1 所示。相对阈值增量(TI)正是利用等效光幕亮度和路面平均亮度来计算出眩光状态下人眼恰好能识别出目标物所应该补充的有效对比的比值。因此 TI 的计算更能体现眩光的本质。

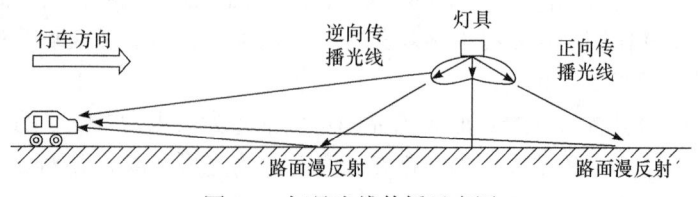

图 3-1 灯具光线传播示意图

眩光控制等级(G)所计算出的只是一个定性的非量化的结果，它反映的是驾驶员的主观感受。而相对阈值增量(TI)是要经过对具体的数据进行测量并加以计算得到的定量的结果,它比 G 更加客观。TI 能清楚明确地反映出隧道内眩光影响的大小,更适合用于本书的仿真分析。

3.3 眩光对驾驶员视觉影响的机理

人、车、路与环境是道路交通系统协调运行的基本要素。各不同要素在系统中相互协调,保证系统稳定与安全。驾驶人在系统中既是环境信息的接收者,又是汽车的操控者,是保障人-车-路(环境)系统安全、顺畅、协调运行的最主要因素。驾驶人通过对信息的加工来操纵车辆运行,信息感知加工过程对于保障车辆安全顺畅行驶、避免发生交通事故具有重要意义,在系统协调性中占据着主导地位。

驾驶人对隧道群特殊路段环境信息的认知和加工,除了受其自身条件影响外,很大程度上取决于环境因素,路段光环境照明条件会严重影响驾驶人视觉信息的感知,进而对判断、操作过程造成影响。隧道光环境应满足驾驶人视觉适应需求,应遵循驾驶人视觉适应特性,确保驾驶人信息感知的充分,从而营造出安全、舒适的行车环境,保障行车安全。

3.3.1 隧道出入口驾驶员视觉机理

根据车辆行驶过程中驾驶人对信息的感知处理加工过程,可以近似将其简化为如图 3-2 所示的模型,包括对环境信息的感知、判断及操作过程。车辆在隧道群路段行驶时,驾驶人视野中的环境信息、道路信息、交通信息及触觉听觉等感受器官感知到的车辆自身信息等都需要经过大脑神经系统的加工处理,驾驶人在特定时间里对这种复杂动态信息进行的正确感知、准确判断和恰当操作,是保障路段行车安全的关键。

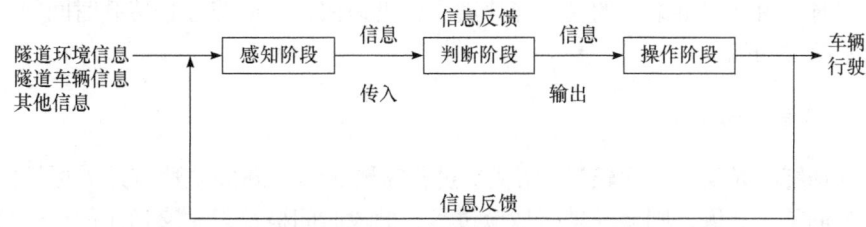

图 3-2 隧道群路段行车过程中驾驶人的信息处理简化模型

研究表明,视觉是驾驶人行车的重要信息源,80%以上的信息来自于视觉。驾驶人的视觉特性如视敏度、视野、视觉适应等都对行车安全有着重要的影响。当外界刺激作用于视觉器官时,感受细胞产生兴奋,视觉神经系统通过对信息的加工生成视觉。

视觉适应是受外界光照亮度刺激产生的视觉感受器官的变化过程。人眼的视觉适应主要依靠改变瞳孔面积的大小和调整位于视网膜上的视锥细胞、视杆细胞等感光细胞对光线强弱的敏感性来实现。外界光照强度突然由明亮变为暗淡时人眼睛的适应过程，称为"暗适应"过程，反之称之为"明适应"过程。外界光环境对于人眼的视觉功能影响巨大。人眼感光细胞主要包括位于视网膜上的视锥细胞和视杆细胞，人眼的视觉适应主要由这两种细胞控制。

视杆细胞和视锥细胞具有不同的有效视觉范围。视杆细胞具有较高的光敏感度，但有效视觉范围较小，对光环境刺激强度的反应有一定限度。视杆细胞在有持续的光照时会发生明适应，通过减弱光敏感度扩大有效视觉范围。而视锥细胞在一般情况下是不会饱和的，对光强度增加所呈现的反应可以增至很大。这就是我们常说的视觉的"二元理论"。

1. 明适应机理

人眼具有较宽的视觉适应范围，可以适应从 0.1lx(如星空)直至高于 10 万 lx(如正午晴天)的光环境。然而，同一时间内，人眼不能适应光环境较大跨度的变化。明适应过程中，人眼的最直接表现是极大地减少了对光的敏感性，瞳孔面积变化巨大，瞳孔直径可以从完全暗适应时的 8mm 一直缩小至明适应时的 2mm。这也是眼睛的一种自我保护功能，即通过减少射入眼睛的光通量来保护视锥细胞、视杆细胞等视觉感受细胞。

作为人眼主要感光细胞，主要位于视网膜中央凹的视锥细胞与明适应过程关系密切，人眼的明适应调节过程主要包含三个阶段：

(1) 瞳孔面积减小，射入眼睛的光通量减少；
(2) 视锥细胞对光的敏感度逐渐增加；
(3) 视杆细胞对光的敏感度快速降低。

同时，由于视锥细胞的光反应速度十分迅速快，明适应过程持续时间很短，一般不超过 1min。

2. 暗适应机理

视杆细胞光反应速度较慢，暗适应过程需要 3~6min(完全适应还需更长)。例如，车辆驶入隧道，则会发生暗适应过程，此段时间极易发生交通事故。在隧道中经过一段时间行车后，眼睛逐渐开始适应前方的道路。暗适应过程中，视觉系统光反应阈值降低、敏感度升高。正常眼的暗适应过程为：前 5min 对光敏感度提高很快，以后渐慢；在 8~15min 时间段，对光敏感度又增加；15min 时又增加，约 30min 达到完全暗适应状态，光敏感度最高，之后不再随时间而变化。暗适应前的曝光越强，人的暗适应过程中视觉感受性的阈限值越高。

暗适应过程是视觉功能由中间视觉转换为边缘视觉的结果，与分布在视网膜边缘的视杆细胞关系较密切。在黑暗中，视杆细胞的感受性会慢慢提高，视觉能力也在不断提高。视杆细胞对光的敏感度较高，但是并不能辨识物体的颜色，只能区别明暗，有较粗略的轮廓，精确性差，在光线较暗时人们只能用视杆细胞看东西；视锥细胞对光的敏感性较差，只有在强光条件下才能被刺激，视敏度非常高，对物体颜色、表面的细节和轮廓有较高的分辨能力，人们对物体细节的观察主要靠中间视觉。研究表明，进入黑暗环境的前 7min 主要为视锥细胞的适应过程，之后出现视杆细胞的适应过程，阈值进入明显下降期，大约 12min 之后，视杆细胞的视觉感受性出现明显改善，大约经过 25～30min，阈值基本稳定，直到暗适应过程完成。

3.3.2 隧道出入口驾驶员视觉特征

在天气晴朗的白天，城市非隧道路段得到阳光的充分照射，环境光照度高达几万 lx，从进入隧道口开始到隧道中间部分，行车环境光照度下降明显，到最低时为几十至一百多 lx。环境光照度急剧变化时，驾驶员对光的感受性明显下降，需要一定时间才能使眼睛适应，这就是常说的"暗适应"过程。

汽车在非隧道路段行驶时，驾驶员已充分适应了外界的高照度环境，在接近隧道进口时，驾驶员视野中的物体亮度与阳光下的物体亮度一样，障碍物很容易辨识，而隧道口对于驾驶员来说是一个很明显的黑洞，若洞口处存在障碍物或者其他突发情况，也很难辨识，即常说的"黑洞效应"。同理，在隧道内行驶一段时间后，驾驶员已适应了隧道内部的低照度，在接近隧道出口过程中，出口对于驾驶员来说是一个明显的亮通通的白洞，即常说的"白洞效应"。

3.3.3 隧道出入口驾驶员视力恢复时间

当外界光照环境发生剧烈变化时，人眼需要一定的时间来适应光环境的变化，这一时间就是视力恢复时间。实践证明，车辆驶入隧道或驶出隧道后，由于光照强度的剧烈变化，驾驶员产生的视觉恢复期是驾驶员视觉条件最差的一段时间[22]。

当隧道出入口处减光隔栅段设置长度过短或未设置时，隧道出入口过渡段长度无法满足人眼对光线剧烈变化的适应要求，常导致驾驶员在其视力恢复时间内惊慌失措，甚至出现瞬间失明的现象，严重影响了车辆行驶的安全性和驾驶员的舒适性。反之，若隧道出入口处减光隔栅段设置长度过长，便增加了驾驶员的视力恢复时间，导致不安全驾驶的时间段增长。此外，还增加了隧道的工程造价[23]。

1. 建立函数

驾驶员于隧道出入口处所需要的视力恢复时间，与隧道洞外照度和洞内照度

之差存在密切联系，即

$$T = f(E_{out} - E_{in}) \tag{3-10}$$

式中，T 为驾驶员于隧道出入口处所需要的视力恢复时间(s)；E_{out} 为隧道洞外照度(lx)；E_{in} 为隧道洞内照度(lx)。

2. 实验分析

哈尔滨工业大学的李英涛、程国柱等利用德国 IVIEW X 型眼动仪，进行了驾驶员驾车穿越隧道过程中其瞳孔直径观测实验。以车辆行驶至隧道引入段起点处瞳孔直径开始增大，到车辆驶至隧道基本段起点处瞳孔直径停止增大并趋于稳定，所经历的时间作为驾驶员视力恢复时间。并基于日光眩光条件下隧道出入口处驾驶员视力恢复时间，建立隧道减光段合理长度计算模型[23]。

通过对实验数据的统计分析，可以得到驾驶员于隧道出入口处所需要的视力恢复时间与隧道洞外洞内照度差的关系如图 3-3、图 3-4 所示。

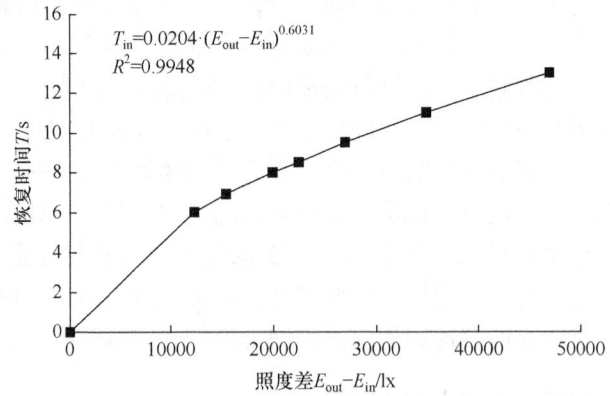

图 3-3　隧道入口驾驶员视力恢复时间与照度差关系曲线

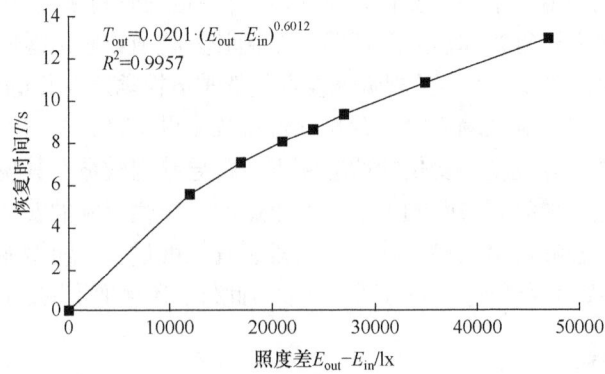

图 3-4　隧道出口驾驶员视力恢复时间与照度差关系曲线

3. 驾驶员视力恢复时间与照度关系模型

构建的公路隧道出、入口驾驶员视力恢复时间与照度关系模型如式(3-11)、式(3-12)所示。

$$T_{in}=0.0204\cdot\left(E_{out}-E_{in}\right)^{0.6031} \tag{3-11}$$

$$T_{out}=0.0201\cdot\left(E_{out}-E_{in}\right)^{0.6012} \tag{3-12}$$

3.4 隧道洞口防眩技术

3.4.1 隧道洞口眩光产生因素

通常认为隧道洞口产生眩光的两个因素主要是太阳的位置和驾驶员在行车过程中视线的方向。

美国的道路照明设计标准将观察视线定为水平向下 1°。Recarte 和 Nunes 研究得出驾驶员在行车过程中，驾驶员视线的方向是水平向下 1°，注视点基本落在前方 90m 处的道路轴线上。

目前，我国在眩光的研究中，将观察视线定为水平方向。国外将驾驶员的视线与可以看到太阳的视线的夹角定义为强光角，太阳位置会随着时间不断改变，当强光角的角度小于一定值时，驾驶员行车就会受到眩光的干扰。国外研究人员对不同年龄段的驾驶员进行了试验研究，得出 40 岁和 60 岁产生眩光的强光角为 19°和 25°，随着年龄的增大，产生眩光的强光角也越大。国内在研究隧道出口眩光的过程中，通常将仰角为 20°作为导致驾驶员产生失能眩光的角度。

3.4.2 隧道洞口防眩光措施

防止阳光接进入人眼，是防止失能眩光的最佳途径。隧道洞口的减光设计，能够最大限度地降低洞口附近的适应亮度。因此，从行车的安全性的角度出发，在隧道洞口段进行一定的减光设计是非常必要的。设置洞外减光遮光棚不仅可以减弱"黑洞""白洞"的现象，更可防止驾驶员被太阳光直射产生失能眩光。

3.5 照明灯具眩光影响分析

隧道照明设计中广泛采用的有三种方式布设灯具：对称布灯、交错布灯及中央布灯。本书从这三个布灯方案入手，通过照明仿真软件模拟分析并结合计算研究公路隧道中的眩光问题。

1. 对称布灯眩光仿真分析

通过对仿真数据参数的选取和设定，针对主要仿真对象进行仿真模拟分析，可以得出在隧道对称布灯情况下的照明仿真结果，具体如图3-5和图3-6所示。

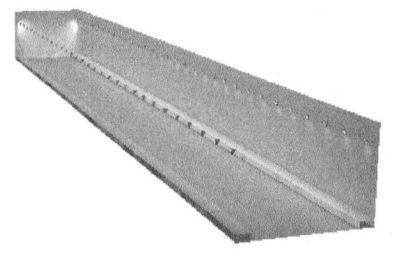 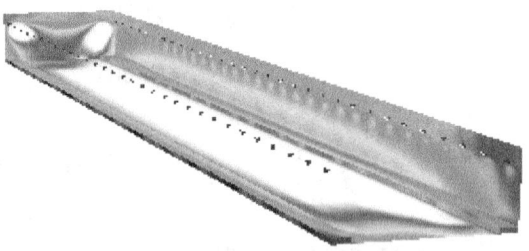

图3-5 灯具布设后的隧道3D照明图　　图3-6 灯具布设后的隧道3D照明强度伪色图
　　　　　（对称布灯）　　　　　　　　　　　　　（对称布灯）

由隧道照明的仿真结果可以得到隧道照明仿真中路面各点的点照度值，随机选取一个路段作为分析数据进行计算，当视线与眩光源光线入射方向的夹角 $\theta < 75.73°$ 时，隧道内驾驶人员会受到眩光影响，从而诱发交通安全隐患。

当 $G = 1.12$ 时，眩光感受程度位于有干扰的眩光和无法忍受的眩光之间；主观评价位于"感觉有些心烦"和"感觉很坏"之间。

2. 交错布灯眩光仿真分析

隧道设置布灯方式为交错式布灯时，可以得出，如果驾驶人员的视线与光源入射到驾驶人员眼睛的光线相交的角度小于或者等于79.58°，驾驶人员就有受到隧道内照明灯具产生眩光影响的可能，就意味着在这种情况下驾驶车辆，存在由视觉问题引起的反应判断问题的安全隐患[24]。

在此种照明情况下的隧道照明眩光影响级别为 $G=1.11$，眩光感受程度位于有干扰的眩光和无法忍受的眩光之间；主观评价位于"感觉有些心烦"和"感觉很坏"之间。

3. 中央布灯眩光仿真分析

隧道设置布灯方式为中央布灯时，通过仿真软件的计算分析，可以得出在隧道对称布灯情况下的照明仿真结果，具体如图3-7和图3-8所示。

隧道设置布灯方式为中央布灯时，可以得出，当车辆在隧道内部行驶时，如果驾驶人员的视线与光源入射到驾驶人员眼睛的光线相交的角度小于或者等于76.22°，驾驶人员就有受到隧道内照明灯具产生眩光影响的可能，就意味着在这种情况下驾驶车辆，存在由视觉问题引起的反应判断问题的安全隐患。

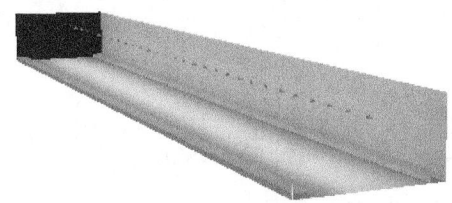 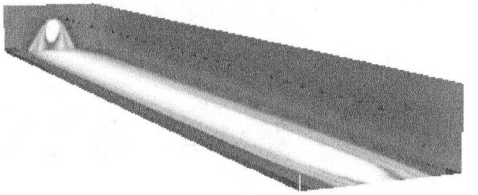

图 3-7　灯具布设后的隧道 3D 照明图　　图 3-8　灯具布设后的隧道 3D 照明
　　　　(中央布灯)　　　　　　　　　　　　　　强度伪色图(中央布灯)

当 G = 1.17 时，眩光感受程度位于有干扰的眩光和无法忍受的眩光之间；主观评价位于"感觉有些心烦"和"感觉很坏"之间。

第 4 章 隧道洞口减光节能技术

在隧道项目运营中，行车安全性与视觉舒适性历来是隧道工程建设的重点与难点之一。而隧道洞口段，由于处在明暗交替区，洞内外的亮度突变极易引起短暂性的视觉功能降低。视觉环境的突变，不仅对驾驶员的视觉产生较大的冲击，也在一定程度上影响着驾驶员的心理，进而对驾驶员的驾驶行为产生较大的影响，隧道入口段交通事故发生率远远高于其他部分。隧道洞口附近的事故远远高于隧道内部路段，在隧道入口 200~400m 路段内发生的事故占事故总数的 70%以上。太阳眩光在隧道洞口处特别危险，眩光的危害是在于阳光直射引起的强光干扰了驾驶者的视觉反应。在高光条件下，物体的可视性降低，从而增加了发生意外事件和碰撞的概率[8]。

4.1 隧道洞口减光的必要性

4.1.1 安全性需要

在晴天白昼的情况下，驾驶员进入隧道洞口的过程中，由于洞内外亮度差异悬殊，驾驶员的眼睛需经过一定的适应时间才能看清隧道内部的情况；同样，驾驶员在驶出隧道的瞬间也需经过一段时间以适应内外的明暗变化，即所谓的"黑洞"和"白洞"效应。在车速较快的情况下，"黑洞"和"白洞"效应极易导致驾驶员视功能的降低及反应时间的不足，从而诱发交通事故。

因此，为了保证行车安全，在隧道洞口处进行减光设计，即采取一定的减光措施降低隧道洞口附近区域的光照亮度，缓和隧道洞口内外的亮度差异，延长驾驶员的视觉调整时间，以实现明暗环境的顺利过渡，是非常必要的。暗适应比明适应所需的反应时间更长、反应过程更复杂，因此，暗适应的"黑洞效应"比明适应的"白洞效应"所产生的危害更大。由此看来，在隧道入口处进行一定的减光设计显得更为重要[8]。

4.1.2 节能性需要

在现阶段的隧道照明研究中，为了降低隧道洞口内外的亮度差异，消除"黑洞"和"白洞"效应，人们往往在隧道入口段采取加强照明的方式，以实现在隧道出入口处光照亮度的逐级变化,从而将洞口段的亮度剧变控制在人眼可快速适应的范围内。然而,由于隧道照明工程的建设投资大、施工难度高,隧道出入口段亮度的平滑过渡往往不能得到保证。而且,隧道的加强照明功率占整个隧道照明功率的55%以上,因此,隧道照明的"安全"与"节能"矛盾显得尤为突出。

而隧道洞口的减光设计,能够最大限度地降低接近段的适应亮度,在一定程度上能够减弱或取消隧道的加强照明,有效降低隧道运营期间的能耗,取得良好的节能效果[8]。

因此,不管是从行车的安全性与舒适性的角度,还是从节能降耗的角度出发,在隧道接近段进行一定的减光设计都是非常必要的。

4.1.3 洞口美化作用

道路是城市意象构成的主导元素,是人们认识城市的主要视觉和感觉场所,而城市隧道是道路的重要组成部分,也是人类生产和生活最基本的公共设施,满足各种交通的需要。随着社会经济发展和城市发展水平的提高,人们对隧道的要求已不再是简单的通行功能,而是把隧道看做是城市环境不可分割的一部分,对其环境景观功能提出了更高的要求:城市隧道洞口美化设计概念。

城市隧道的美化设计是指从美学观点出发,在满足交通功能的同时,充分考虑隧道空间的美观、驾驶员的舒适性以及与周围景观的协调性,让驾驶员感觉安全、舒适、和谐所进行的设计。它是设计城市规划、环境设计、建筑及空间设计、道路美学、园林学、环境心理学等知识的综合。隧道口遮光设施的形式是城市隧道洞口的美化设计的重要体现[25]。

4.2 材料的光学性质

4.2.1 材料光学性质的本质

材料的光学性质是指材料对电磁波辐射特别是对可见光的反应,主要是根据材料对电磁波的吸收、反射和透射特性来衡量。如当一定强度的光入射到玻璃中时,在材料的表面会发生光的反射,另外光也会透过玻璃。透过的光的强度通常小于入射光强度,这往往是由于玻璃会吸收一部分光,如图4-1所示。

固体材料光学性质的本质涉及电磁波与材料中原子、离子或电子的相互作用,其中最重要的两点是电子极化和电子的能力转换。当光子的能力给了电子时,光被材料吸收;当受光激发的电子回落到低能级放出光子时,光便被材料反射。

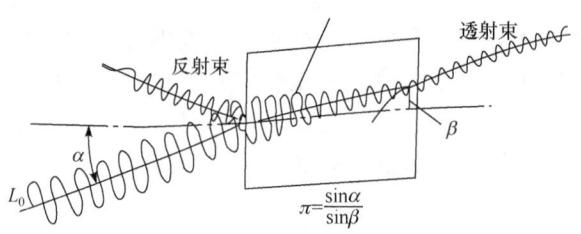

图 4-1 光的反射、透射、吸收示意图

1. 光的反射

当光线遇到非透明物体表面时，大部分光被反射，小部分光被吸收。为了表示光的反射程度，通常用反射后的光通量与入射光通量之比 ρ 来表征物体的反射性质。ρ 称为光的反射率，也叫作反射比，表达式如下：

$$\rho = \frac{\Phi_\rho}{\Phi_i} \tag{4-1}$$

式中，Φ_ρ 为反射后的光通量；Φ_i 为入射光通量。

光线在镜面和扩散面上的反射状态有以下几种。

(1) 定向反射。

在研磨得很光滑的镜面上，光的入射角等于反射角，反射光线总是在入射光线和法线所决定的平面内，并与入射光线分别处于法线两侧，称为反射定律。在反射角以外，人眼是看不到反射光的，这种反射称为定向反射，也称为镜面反射或规则反射。定向反射常用来控制光束的方向，灯具的反射罩就是利用这一原理制作的，但一般由比较复杂的曲面构成。

(2) 散反射。

如在经散射处理的铝板、经涂刷处理的金属板或毛面白漆涂层上，反射光向各个不同方向散开但其总的方向是一致的，其光束的轴线方向仍遵循反射定律。这种光的反射称为散反射，也称为定向扩散反射。

(3) 漫反射。

光线从某方向入射到粗糙表面或涂有无光泽表层上时，反射光无规则射向各个不同方向，这种光的反射称为漫反射。漫反射遵循朗伯余弦定理，即任意方向的光强与该面的法线方向的光强所成的角度的余弦成比例，而与光的入射方向无关。从反射面的各个方向看，其亮度均相同，这种光的反射称为均匀漫反射或完全漫反射。

(4) 复合反射。

光线从某个方向入射到瓷釉或有高度光泽的漆层上时，其反射特性结余定向反射与漫反射(或散反射)之间。在定向反射方向上发光强度比其他方向要大得多，且有最大亮度，在其他方向上也有一定数量的反射光，但其亮度分布是不均匀的。

2. 光的透射

当入射光在行进图中遇到物体为无色透明体或半透明体(如玻璃、滤色片等)时，除少数光被反射外，大多数光均透过物体，这种现象称为光的透射。为了表示透明体透过光的程度，通常用透射后的光通量与入射光通量之比 τ 来表征物体的透射性质。τ 称为光的通透率，也叫作透射比，表达式如下：

$$\tau = \frac{\Phi_\tau}{\Phi_i} \tag{4-2}$$

式中，Φ_τ 为透射后的光通量；Φ_i 为入射光通量。

3. 光的吸收

光在介质中传播时，光能逐渐衰弱且转换为其他形式的能量，这种现象称为光的吸收。为了表示光的吸收程度，通常用吸收后的光通量与入射光通量之比 α 来表征物体的吸收性质。α 称为光的吸收率，也叫作吸收比，表达式如下：

$$\alpha = \frac{\Phi_\alpha}{\Phi_i} \tag{4-3}$$

式中，Φ_α 为吸收后的光通量；Φ_i 为入射光通量。

4. 反射比、透射比和吸收比及其关系

材料对光的反射比、透射比和吸收比之间的关系如下：

$$\rho + \alpha + \tau = 1 \tag{4-4}$$

式中，ρ 为反射比；τ 为透射比；α 为吸收比。

4.2.2 各种材料的光学性质

1. 金属材料的光学性质

金属能吸收各种光，所以金属是不透明的。按理说，金属吸收了可见光的全部光子，金属应呈黑色。但实际上，我们看到铝是银白色的，纯铜是紫红色的，金子是黄色的，等等。这是因为当金属中的电子吸收了光子的能量跃迁到导带中高能级时，它们处于不稳定状态，立刻又回落到能量较低的稳定态，同时发射出与入射光子相同波长的光子束，这就是反射光。大部分金属反射光的能量都很强，反射率为 0.90~0.95。金属本身的颜色是由反射光的波长决定的。

2. 无机非金属材料的光学性质

非金属材料的光学性质比金属材料要复杂。非金属材料对光的吸收机制有两种，一种是电子跃迁跨越禁带，还有一种是电子跃迁到禁带中的杂质能级。非金属材料中有许多是绝缘体，在价带与导带间有大的能隙。如果电子不能从光子处获得足够的能量跨过禁带进入导带，就不会产生吸收现象，光子全部穿透材料，材料就呈现出透明的特征，像玻璃、高纯度的结晶陶瓷和非晶高分子材料都是这种情况。

非金属材料中还有些是半导体。由能带理论得知，半导体也存在禁带，但禁带宽度较绝缘体小，所以价带中电子容易被光子激发到导带中去，产生吸收现象。对于本征半导体，光子的能量应大于禁带宽度，这种吸收为本征吸收。对于掺杂半导体，只要光子的能量大于施主或受主能级，就会产生吸收现象。

许多非金属材料有美丽的颜色，如红宝石就是亮红色的，颜色的产生与材料的吸收特性密切相关。透明材料对光的选择性吸收使其呈现不同的颜色。如果材料在可见光范围内对各种波长光的吸收程度相同，则称为均匀吸收。在这种情况下，随着吸收程度的增加，材料颜色从灰色变为黑色。

4.3 隧道洞口减光措施

隧道洞口减光主要措施主要有三种，分别为：设置减光建筑、利用植被减光、控制洞外景物的表面亮度减光。

4.3.1 减光建筑

较为常见的减光建筑有遮阳棚、遮光棚、遮光板，以及通透式棚洞。

1. 遮阳棚

遮阳棚是一种顶部为封闭式结构的棚状构筑物，利用透明或半透明材料的透光作用，不允许阳光直接投射到路面上以达到减光效果，如图 4-2 所示。遮阳棚的优点在于封闭式的透光构造具有较好的遮阳减光效果，同时可以降低雨雪引起的车辆滑移，减少雨雪对路面基层侵蚀而延长隧道的使用寿命。但遮阳棚会因雨雪与环境污染而造成减光效果不稳定，如隧道处于风沙较大的地带，较短时间就会淤积大量的灰尘，因其对材质及构造要求较高从而增加了工程投资，同时运营期间维护工作量大，也不利于隧道内通风，需增加风机台数。此外，遮阳棚的封闭式构造会给驾驶员造成较强的心理压迫感。

图 4-2 遮阳棚

2. 遮光棚

遮光棚是一种顶部为敞开式结构的棚状构筑物，与遮阳棚相比，其区别在于允许日光直射到路面上，且结构相对简单、轻巧，如图 4-3 所示。遮光棚的敞开式透光构造可以弥补遮阳棚受环境因素影响较大的缺点，工程投资较低，运营期间维护工作量小且通风透气性能好，可减少风机台数，降低运营成本。但遮光棚挡雨阻雪效果差，行车环境受洞外环境影响较大。另外，在遮光棚设计中，遮光格栅的间距在满足减光过渡要求的同时，还应考虑眩光问题。

图 4-3 遮光棚

3. 遮光板

遮光板形式较为轻盈，景观性较好(图 4-4)，工程投资少，运营期间维护工作量少，不增加隧道通风段长度。但其减光效果较差，难以起到良好的过渡效果。

4. 通透式棚洞

通透式棚洞是近年来公路建设部门贯彻生态和谐理念的创新之举。该结构较好地与周围地势相结合，最大限度地减小植被破坏面，与周围景观相协调，同时通风及采光效果较好，如图 4-5 所示。通透式棚洞可以说是对洞口减光措施的有

图 4-4　遮光板

效补充和完善，也是将隧道结构与附属减光结构有机结合的积极探索。然而，该类结构受地形条件限制较大，不能被广泛运用。

图 4-5　通透式棚洞

在国内外的工程实践中，悬臂式棚盖、简易遮光板、遮光帷幕等同样有所应用。该类减光建筑结构简单，主要通过遮挡驾驶员行车主视野范围内耀眼的太阳光线以避免眩光。但该类结构遮挡光线面积有限，受力不均，在风力较大情况下存在一定安全隐患，实用性不大[8]。

4.3.2　利用植被减光

植被减光是一种较为经济适用的降低隧道洞口亮度的方法，也是应用最为广泛的减光措施。植被减光主要是利用植被柔和的反光作用，达到降低隧道洞口附近区域亮度的目的。植被表面为毛状结构，由很多垂直面组成，光照亮度在入射方向上最大，在反射方向上反而很小，在法线方向最小，因此在公路隧道洞口附近种植具有垂直表面的常绿植被较为有利。值得注意的是，针叶树木一般比阔叶树木的反射性能更好些，因此在洞口栽种像松塔那种具有水平成层分布的乔木是较为理想的。同时，高大的乔木可以投下浓重的阴影，能够避免或减弱阳光对路面的直射，有利于降低隧道洞口接近段的路面亮度。

然而，隧道洞口附近区域往往具有一定坡度，且地质多为石质，栽种高大树木可操作性差且成活率低，因而在实际工程中多选用低矮的绿色灌木或草皮，如图 4-6 所示。相对于设置减光建筑而言，利用植被减光不能快速有效地发挥洞口减光作用，只可作为中远期的辅助措施[8]。

图 4-6　利用植被减光

4.3.3　控制洞外景物的表面亮度减光

隧道洞口外的景物亮度是影响隧道洞口附近光照亮度的关键因素，要想实现洞口内外明暗环境的平滑过渡，在隧道工程建设阶段就要对洞外景物的表面亮度加以控制。在隧道洞口外，可能出现在视野范围内的景观要素主要包括：天空、洞门、道路、绿化、广告牌等。由于各景观要素在视野范围内的比例有所差异，各个要素对洞外亮度的影响程度也会有所不同。

1. 天空

相对于道路、绿化、端墙等光反射表面，天空可看做"自发光表面"，其亮度主要取决于光气候状况，是非人为可控制因素，在此不做赘述。

2. 洞门

隧道的洞门形式多种多样(图 4-7)，在工程设计中，出于对地形地貌、形式美观等因素的考虑，常见的形式主要有端墙式洞门和框式洞门两种。端墙式洞门，洞框面积一般较大，并且位于视野范围较中心的位置，其表面亮度对隧道洞外亮度的影响较大，因而洞口端墙应采用深暗材料，且反射率宜低于 0.17，以利于降低其表面亮度。而框式洞门，洞框面积一般较小，因而饰面材料的反射特性对洞外亮度的影响不大。

3. 道路

路面是视野范围内所占面积百分比最大的景观要素，路面亮度对隧道洞外亮

图 4-7　隧道洞门建筑

度的影响也是最大的。除水平照度外，路面材料的反射特性是影响道路表面亮度的重要因素之一。常用的公路路面材料主要有混凝土路面和沥青路面。两种材料的反射系数和反射特性不同，其表面亮度存在很大差异。其中，新的沥青路面亮度较低，使用一段时间后会增大；混凝土路面则相反，新的混凝土路面亮度较高，使用一段时间的混凝土路面，其表面亮度反而会降低。

随着使用时间的延长，路面由于尾气、机油等附着物的增加，出现定向反射的可能性增大，当行驶方向与太阳位置成一定的关系时，会出现路面亮度的异常增大。另外，路面亮度受行车方向和太阳方向的相对位置关系影响很大，当行车方向与太阳入射方向相对时，会有很高的路面亮度。

采用暗红色路面也是减低隧道入口段暗适应对驾驶员行车安全影响的方式。洞口外至少一个照明停车视距长度的路面采用暗红色路面，如图 4-8 所示。暗红色路面能够提醒驾驶员在隧道入口接近段减速，保证行车安全；同时暗色光在外部亮度变化较大的情况下变化较少。

图 4-8　隧道洞口暗红色路面

4. 岩壁

岩壁通常位于隧道口上方或两侧，属于结构相对稳定，不需作特殊处理的表面。影响岩壁护坡表面亮度的首先是表面照度，而表面照度与隧道洞口朝向密切相关。洞口朝向或行车方向不同，岩壁护坡的表面亮度也会相差甚远。另外，岩壁的表面亮度还与其表面材质有关，深色沉积岩表面亮度低，浅色石灰岩表面亮度高。在岩壁护坡上进行大面积的植被绿化，能够在一定程度上削弱其自身对洞外亮度的影响。

5. 绿化

绿化是隧道洞口视野内主要的景观要素之一，仅次于路面。隧道口的绿化通常根据地形地貌、气候特征、景观效果等因素选取不同的植物类型，即乔木、灌木、草本等。其中，乔木和灌木的表面亮度低于草本植物的表面亮度，且深色植被的表面亮度要低于浅色植被。因而，若客观条件许可，在隧道洞口附近区域宜栽种长势茂盛的深色乔木或灌木。

6. 广告牌

位于隧道洞口附近，面积巨大的广告牌，在视野范围内所占面积达到一定比例，对洞外亮度的影响程度有所增加，如图 4-9 所示。为了避免其对隧道洞口附近亮度造成过大影响，广告牌应尽量远离视觉中心布置，宜选用深色材质，且不应作镀膜处理。

图 4-9　隧道洞口广告牌

洞口附近区域栽种植被和灌木可降低洞外亮度 5%～7%；洞门端墙采用深暗颜色，可降低洞外亮度 5%～7%；洞口外至少一个停车视距长路面采用暗色材料，可降低洞外亮度 12%～27%[8]。

4.4　减光措施的应用要点

目前，国内对城市隧道洞口减光措施的理论研究相对较少，但工程实践则逐渐增多。据报道，对隧道洞口的减光措施进行深入研究的工程案例，有南京长江隧道(两端洞口设有遮光棚)、上海西藏南路隧道(隧道入口设有太阳能光伏板与垂直绿化相结合的光过渡段)、江苏省宁淮高速公路老山隧道(通透式棚洞将隧道结构与减光原理有机结合)、沈阳五爱隧道(隧道出入口段顶部设有长约50m的遮阳棚)等[8]。

4.4.1 遮光棚的设计要素

减光建筑的形式选择，除了考虑减光效果的影响之外，还应受到地形地势、投资成本、运营管理等因素的制约。例如，通透式棚洞虽然拥有其他类型的减光建筑所不及的诸多优势，但是一般多运用于浅埋偏压地段，因此对地形条件的要求较高，难以推广运用。遮阳棚的顶部需设置一定数量的遮阳板，遮阳板的设置在提升工程造价的同时，也会带来减光效果不稳定、运营期间维护与清洗工作量大等诸多问题。因此，在减光建筑的形式选择上，以结构简单、减光稳定的遮光棚居多。

通常在白天，隧道出口会受到阳光的强烈照射，空间上存在极端的亮度对比，产生强烈的眩光，以致影响驾驶员视功能，降低了物体的可见度。所以设置洞外减光遮光棚不仅可以减弱"黑洞""白洞"的现象，更对防止驾驶员被太阳光直射产生失能眩光具有重要意义。

1. 减光段长度的确定

隧道出入口处遮光棚长度主要由隧道洞外照度E_{out}、洞内照度E_{in}、驾驶员视力恢复时间T及隧道设计速度V_d等因素决定。其中，洞外照度及洞内照度均可通过实测法或计算法得出，而驾驶员所需要的视力恢复时间与隧道洞外照度和洞内照度之差存在密切联系，计算模型如式(4-5)、式(4-6)所示。

$$T_{in}=0.0204\cdot(E_{out}-E_{in})^{0.6031} \quad (4\text{-}5)$$

$$T_{out}=0.0204\cdot(E_{out}-E_{in})^{0.6021} \quad (4\text{-}6)$$

式中，T_{in}为驶入隧道时，驾驶员所需要的视力恢复时间(s)；T_{out}为驶出隧道时，驾驶员所需要的视力恢复时间(s)。结合隧道设计速度及隧道过渡照明段长度，便可以计算隧道出入口减光段的合理计算长度，其计算模型如式(4-7)、式(4-8)所示。

$$S_{in}=\frac{V_d\cdot T_{in}}{3.6}-D_{tr} \quad (4\text{-}7)$$

$$S_{out}=\frac{V_d\cdot T_{out}}{3.6}-D_{tr} \quad (4\text{-}8)$$

式中，S_{in} 为隧道入口处减光段合理设计长度(m)；S_{out} 为隧道出口处减光段合理设计长度(m)；D_{tr} 为隧道过渡照明段长度(m)，可通过《公路隧道照明设计细则》(JTG/T D70/2-01—2014)中的相关计算公式计算得到；V_d 为隧道设计速度(km/h)。此外，考虑最不利的太阳眩光影响的前提下，取隧道洞内外照度差进口取 70000lx。考虑到洞口的美观，可将减光隔栅设置成对称长度形式。

2. 肋间距的确定

工程上，通常认为太阳以 20°的入射角度照向洞口，是太阳光恰好可能产生失能眩光亮度最大的情况[26]。所以，保证遮光棚拱肋的设置在驾驶员视野 20°范围内能遮挡太阳光，防止驾驶员产生失能眩光。设遮光棚拱肋间距长度 L 和厚度 h，肋间距的设计原理如图 4-10 所示。

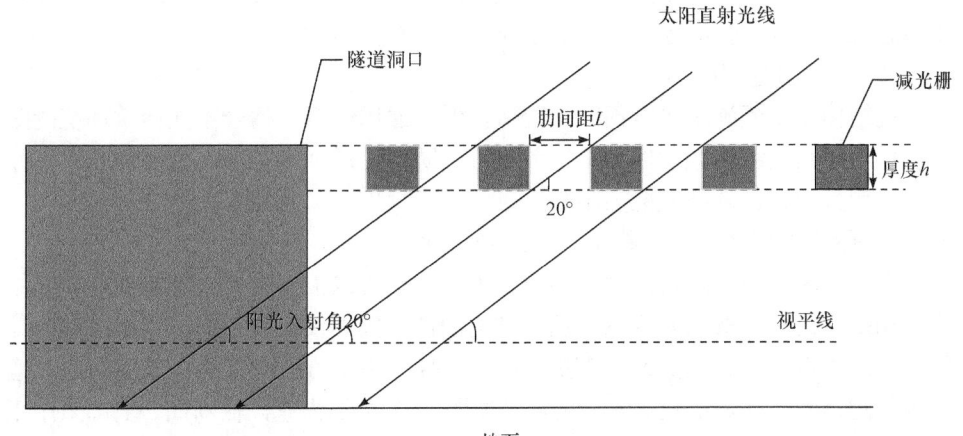

图 4-10 隧道遮光棚肋间距设计原理

对肋间距 L 和厚度 h 有下列约束条件：

$$L \leqslant h\cot 20° \tag{4-9}$$

除了考虑眩光问题，遮光棚的设置还需防止闪烁效应。外部光线射入遮光棚时，在路面形成明暗交替、亮度差异较大的"斑马线条"。当斑马线引起的明、暗变化频率处于 2.5~15Hz 范围内时，将会产生闪烁效应，引起驾驶员视觉不适与心理干扰，从而影响行车安全。明暗交替的闪烁频率 f 与行车速度 v 及遮光棚梁间距 d 关系如下：

$$f = v/d \tag{4-10}$$

式中，f 为闪烁频率(Hz)；v 为设计车速(m/s)；d 为遮光棚梁中心间距(m)。

为了防止闪烁效应发生，根据上述公式可以得到遮光棚的设计约束条件，如下所示：

$$d \geqslant v/2.5 \text{ 且 } d \leqslant v/15 \tag{4-11}$$

式中，v 为设计车速(m/s)；d 为遮光棚梁中心间距(m)。

4.4.2 遮阳棚的设计要素

1. 遮阳棚结构选择

根据选材的不同，遮阳棚结构可以分为钢结构和钢筋混凝土结构。遮阳棚结构的形式可以根据隧道所处的地理位置、环境及洞口的形状等进行选择。

(1) 钢筋混凝土结构遮阳棚。

钢筋混凝土结构遮阳棚一般采用隧道结构设置镂空形成，达到透光、减光的效果。这种结构和隧道主体为一个整体，具有容易维修、耐久性强、运营成本低等特点，但是在实际运营过程中，对隧道洞口亮度调节能力较差，给车辆行驶时压迫感大，而且在实际建设中对隧道所处环境有一定的要求。

(2) 钢结构遮阳棚。

钢结构遮阳棚施工较方便，工程造价低，通用性强，适合不同地质环境的隧道洞口。但是钢结构遮阳棚在施工前要进行防锈处理，运营期间需要的养护工作较多，而且钢结构的防撞能力不强。

(3) 钢筋混凝土与钢结构组合形式遮阳棚。

在施工时，为了取材方便、降低施工难度，可以根据需要采用钢筋混凝土结构与钢结构组合形式的遮阳棚。这种结构的遮阳棚不仅具有钢筋混凝土结构防撞能力强的优点，而且也能发挥钢拱架结构轻便、施工方便等优点。然后再通过遮光板材的搭配，有效地减弱光照强度。如图 4-11 所示为遮阳棚断面，上部采用钢

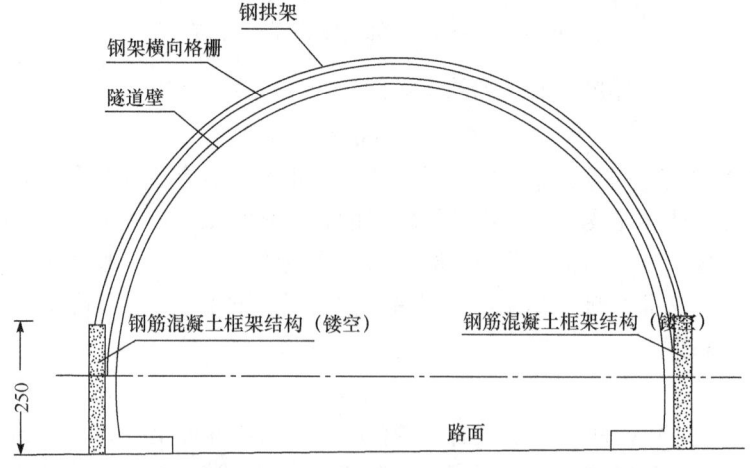

图 4-11 遮阳棚断面(单位：cm)

拱架结构的组合结构形式，适用于地形开阔、需要跨越沟谷且不需要进行防碎石坠落的地段。能够充分发挥钢筋混凝土框架结构跨越能力大、灵活方便、通透性好、视野开阔、适应性强的特点。同时也能充分发挥钢拱架结构轻便的特点，现场施工速度快，通过与遮光板材搭配，达到遮光、减光的效果，能够与周围的环境相匹配，增强隧道的透气性能，适合跨度大的地段进行遮光设计。此外，还能够保持较大的空间，透光性能较好，紧急情况下，逃生、救援方便。

2. 遮阳棚材料和布置方式

为了降低结构物导致的眩光影响，耐力板采用纵向布置的方式，钢结构钢拱架宽度在保证其强度的前提下尽量缩小，将眩光影响降低到最小。根据洞外减光结构物的运营环境特点，从材料强度、耐久性、透光性、造价等方面进行结构物透光材料的配置分析，确定采用材料类型。图4-12所示为遮阳棚平面图[27]。

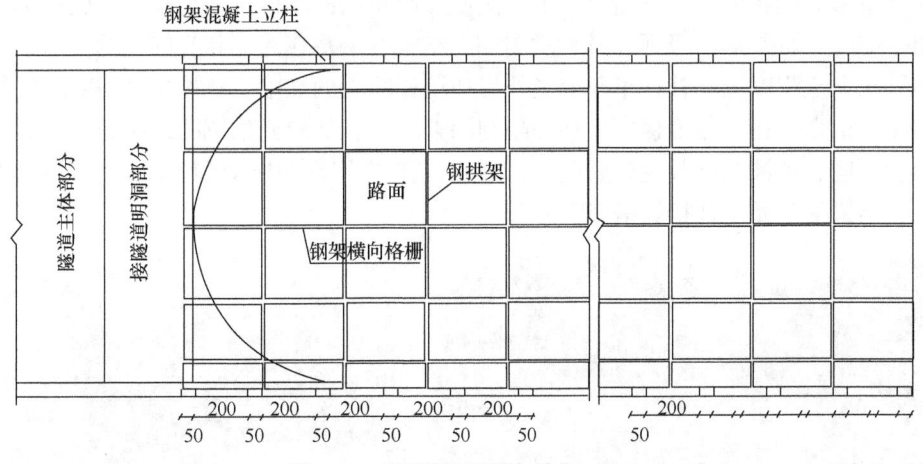

图 4-12 遮阳棚平面图(单位：cm)

3. 遮阳棚长度配置

按照规范要求，当车速 80km/h，交通量小于 350veh/(h·ln)时，入口段 1 的亮度应为洞外亮度 L_{20} 的 0.025 倍；当车速 80km/h，交通量大于 350veh/(h·ln)时，入口段 1 的亮度取值应为洞外亮度 L_{20} 的 0.035 倍。其中，ln 表示车道数。出口照明分为两个段落，每段长度取 30m，出口段 1 的亮度取洞内中间段亮度的 3 倍，出口段 2 的亮度取洞内中间段亮度的 5 倍。

增加洞外遮阳棚后，在洞内较暗的亮度环境和洞外较亮的环境之间增加了一个亮度"过渡段"。"过渡段"利用洞外自然光作为照明光源，该段应视为隧道照明的一个区段，入口的减光段定义为入口过渡段，出口的减光段定义为出口过渡段。因此在隧道照明系统设计和研究中将洞外结构物的起点作为隧道入口位置，亦即将隧道物理洞口外延。设置洞外减光遮阳棚后，出入隧道的视觉适应过程与没有减光结构的视觉适应过程相比有所改善，相当于在外界环境与隧道入口段之间增加了一个亮度缓冲段。以人的眼睛对"明""暗"亮度环境的适应特点和规范要求为出发点，将驶入和驶出隧道整个过程作为研究对象，分析结构物以外亮度、结构物下亮度、洞内亮度的最佳匹配关系，可以确定减光结构物的形式和长度[27]。

4.4.3 植被减光应尽量与减光建筑组合

隧道洞口的大面积绿化，不仅能够有效地提升洞口景观的作用，还可以起到良好的遮阳减光的效果。若在减光建筑两侧进行适当的垂直绿化，减光建筑的遮阳减光效果将会得到进一步的提升。例如，对于拱肋式遮光棚来说，在遮光棚两侧种植常绿爬藤植物，再辅以人工方法使爬藤植物沿构件方向生长，形成"类封闭"结构，如图4-13所示。该"类封闭"结构在解决遮光棚眩光问题的同时，也能够在一定程度上弥补行车环境受外界环境影响大的缺陷。植被减光与减光建筑的有机结合，在实际工程中面临的限制因素较多，如减光建筑的结构类型、周围地理环境、植被类型及生长周期等，因此，在工程案例中运用较少，不过可作为一项不错的减光设计指导措施[8]。

图4-13　植被与减光构筑物的组合设计

4.4.4 加强洞外景物表面亮度的控制

洞外景物的亮度控制是隧道景观设计始终应关注的要点。在隧道照明设计中，入口段亮度、过渡段亮度除与设计速度有关外，在很大程度上是由隧道接近段的洞外亮度值决定的，即隧道的洞外亮度越高，入口段和接近段所需的照明值也就越高。如果隧道景观设计不考虑周围环境亮度，不但会给隧道运营安全埋下隐患，而且会使隧道照明负荷过大造成电能浪费。

隧道洞口景物亮度不仅与景物表面的受照程度有关，还取决于其表面的反射特性。在此主要针对洞外景物的反射特征与反射系数进行概述。

1. 洞门

隧道洞门的处理，在结构形式和饰面材料上都应该慎重考虑。在实际工程中，就框式洞门和端墙式洞门两种结构形式来讲，框式洞门由于洞框面积小，对洞外亮度影响较小，可以忽略不计，并且框式洞门通常采用浅色的装饰材料，以起到提示警醒作用，如图4-14所示。端墙式洞门，宜采用深色的低反射系数的饰面材料，以避免对洞外亮度造成影响。

图4-14　隧道洞门建筑效果

就饰面材料而言，在实际应用中，隧道端墙为了突出强调隧道洞口，往往经过特殊处理，如墙面过度装饰，采用定向度较大的面层材料或浅色装饰面材等，这些均可引起洞外亮度的异常增大。洞口端墙应尽量采用反射系数小(小于0.2)、定向度低(低于0.4)的漫反射或近似漫反射面材，如黑色面砖、黑色毛面大理石、黑灰色水磨石、菱苦土面层等。并且在实际应用中，应尽量禁止高定向度面层材料的使用[8]。

2. 路面

公路路面材料一般分为混凝土路面和沥青路面。通常情况下，沥青路面反射系数为0.14~0.21，混凝土路面反射系数为0.24~0.31，很深的黑色路面反射系数为0.11~0.14。与混凝土路面相比，沥青路面具有较低的反射系数。因此，在实际应用中，隧道洞口接近段宜铺设沥青混凝土路面、深暗色路面或彩色复合路面以降低路面亮度，有助于实现隧道洞口内外亮度的平滑过渡。

3. 绿化

绿化是对隧道洞外亮度影响较大的景观要素之一，仅次于路面。在自然条件下,植被的反射系数难以确定,不同的植被类型,不同的叶片颜色、形状和排列均会导致反射系数千差万别。即便对于同一植被而言,在不同的生长阶段,其反射系数也会发生变化。在诸多影响因素中,植被类型、叶片颜色等对植被的反射系数起着更为重要的作用[8]。

在植被类型的选择上,若地理环境许可,宜多种植针叶乔木,否则,可多栽种深色灌木或草本。就叶片颜色来讲,浅黄绿色的叶片(如金叶女贞)对于光的反射率较高,而深色叶片(如紫红色的红花继木和深绿色的杜鹃)对于光的反射率较低。

在重庆大学孙春红的隧道洞外景物亮度研究[28]中,曾对八种典型景观植被的反射系数进行测量计算(表4-1),其研究数据在景观植被的选择与运用方面具有一定的参考价值。

表4-1 隧道洞外典型植被的反射系数

植物	佛甲草	结缕草	金叶女贞	小叶黄杨	海桐	杜鹃	红花继木	小叶榕	红叶李
ρ_{av}	0.085	0.053	0.102	0.089	0.063	0.061	0.045	0.067	0.055

在做隧道洞门绿化时,要通过工程措施与植护坡相结合的方法,在坡面形成稳定的防护体系。

其一是突出施工工地调查,要求所选植被种类与当地植被环境及其已有植物种类一致,使之在施工后较短时间内融入当地自然环境。其二是突出边、仰坡稳定性分析,根据边、仰坡稳定性特征,选择合理有效的工程措施。对于容易深层失稳的边、仰坡,强调固后再进行绿化。绿化后的边、仰坡则作浅层稳定性分析,并采取相应的稳定措施。其三是强调景观设计效果。

隧道洞口段景观设计包括植物种类选择、主景和副景的选择、环境和意境的协调及人文景观的设计共四个方面。下面具体介绍这四个方面的内容,并提出应考虑的相关问题。

在选择植物种类时,应考虑隧道边、仰坡所在地的植物类型、植被环境。这样做的目的是让人为种植植被的小环境与当地植被的大环境协调一致,在总体上产生一种融合的绿化效果。尽量引用当地植物,外来植物应考虑与当地大环境植物的融合性。否则小环境的植被生长再好,也与大环境不协调,不能持久,不能形整体的植物群落。

主景的选择是关键,应根据隧道口边、仰坡所在地的环境条件来确定。例如,如果选择草本植物作为绿化护坡的目标,则应以草坪为主景,将乔、灌、花按一定比例合理配置在草坪的不同位置,用来加深和衬托草坪主景的气氛。草坪应以多种草类混栽，做到四季常青。另外，主景的选择还应考虑隧道所在地的人文环境、钢结构形式和其他相关情况。

工程固坡的结构应尽量隐蔽，突出植被景观。对于深层不稳定的边、仰坡，需采取必要的工程措施加以支挡和防护，如三维土工网垫、土工格栅、钢筋砼骨架等，但这些工程结构物如果过多暴露于坡面，减少了植被的绿化面积，对于形成优美景观效果不利。因此在设计和施工时，应采取措施使这些结构物尽量少暴露甚至不暴露。

环境和意境的协调及人文景观的设计。设计的隧道洞口绿化要和洞口所在地的自然景色所表现出的意境相协调。在进行隧道洞口绿化设计时，不可顾此失彼，导致二者相互脱节。对此不仅在结构设计上要突出意境，在进行绿化设计时同样更与意境协调，这就需要在植物种类的选择、绿化效果的主景确定等方面加入考虑。另外，结合隧道当地的人文景观进行隧道洞口绿化设计，也是非常重要的一环[29]。

4. 广告牌

在实际工程中，隧道洞口附近巨大广告牌在视野范围内占有一定比例，对隧道洞外亮度的影响不容忽视。例如，重庆市大学城隧道洞口附近广告牌面积巨大，位于视觉中心，表面亮度高，造成隧道洞外亮度异常增加，影响到隧道照明的经济性与安全性。因此，隧道洞口区域应尽量避免设置巨大广告牌，若无法避免，广告牌应尽量选用反射系数小于 0.2、定向度小于 0.4 的漫反射材料，且远离视觉中心[8]。

4.5 减光建筑应用案例

4.5.1 遮光棚

1. 项目概述

项目位于甘肃省中部地区，其实施充分贯彻公路设计新理念，在满足道路"安全、适用、经济、美观"要求的同时，注重公路建设与自然、人文环境协调发展，达到生态、美观的效果。

隧道设计行车速度为 80km/h，按上下行分离设置，两隧道轴线相距 50m 左右，隧道左线长 2403m、右线长 2495 m。隧道内轮廓按建筑界限宽 10.5m、高 5.0m 拟定，采用《公路隧道设计规范》(JTG D70—2014)设计速度 v=80km/h 的标准内轮廓断面。主洞拱部采用 R=543cm 单心半圆，侧墙采用 R=793cm 大半径圆弧，仰拱半径为 1500cm，仰拱与侧墙间采用 R=130cm 小半径圆弧连接。

隧道出口地形较为平坦，视野开阔，拟采用削竹式洞门，但由于其洞口方向为正西方向，且隧址地区日照时间长、强度大，全年晴天达到200d以上，且冬天会有较长时间积雪，考虑其行车安全和舒适程度，需对隧道洞口进行专门的减光和防眩设计[30]。

2. 遮光棚设计

遮光棚设计的主要目的是保证较好的减光和防眩效果。为了取材方便、降低施工难度，遮光棚的主要设计思路为：利用原削竹式洞门与地形地貌的协调性，将原削竹式洞门明洞顶端加长至原洞口顶端，即在原洞口处直接采用竖直坡面，将其洞顶外露部分以间隔掏空的形式增加洞顶的透光性，洞口外采用拱肋式骨架沿隧道纵向间隔设置，环向设置铝合金管，以遮挡太阳眩光，降低亮度的变化率，达到减光防眩的目标，且视觉效果良好。在保证遮光棚结构安全的同时，设置好拱肋间距和铝合金管环向间距是减光和防眩效果的关键所在[31]。

在进行拱肋间距和铝合金管环向间距的具体设计计算时应考虑两个最不利工况。

(1) 太阳以20°的入射角度照向洞口。这时的太阳光恰好是可能产生失能眩光亮度最大的情况，这个工况是遮光棚防眩的最不利工况，可以根据需要的效果确定混凝土拱肋的间距。

(2) 以正午太阳直射时计算遮光棚设置后亮度的变化。这时是洞内外亮度差别最大的情况，此时可对遮光棚的环向间距和可能产生的效果作准确的预测和评估。

通过两个最不利工况的计算，即可达到遮光棚减光和防眩的目标，科学地拟定遮光棚设计的各项参数。

1) 防眩工况下遮光棚拱肋间距的确定

遮光棚拱肋长度 L 和厚度 h_1，拟定分别为50cm和55cm，其间距设置主要考虑的是遮光棚的防眩功能，增长在明亮环境中的无太阳直接照射的行驶距离和减小太阳直射光进入驾驶员视野的角度，在人视觉上适应了亮度变化的时候让阳光进入视野。通常，导致驾驶员产生失能眩光的仰角为20°，只要保证拱肋的设置在驾驶员视野20°范围内能遮挡太阳光即可防止驾驶员产生失能眩光。

拱肋的计算间距为 $L_1=h_1\times\cot20°=1.511m$。拱肋的间距不应大于1.511m，为了增强遮光棚的整体美观性，将第1环拱肋厚度 h 设置为95cm，$L_2=h_2\times\cot20°=2.61m$。由此，将正常段间距取为1.5m，第1环间距取为2.5m，为增强明暗过渡的渐变性，将前4环拱肋间距设置为100 cm。

如图4-15所示，驾驶员在距洞口16.06m处以20°的视线能看到太阳光直射，在距洞口41.4m处能看到太阳光的角度为7°57′，遮光棚的设置防眩距离为25.3m，在此段范围内,太阳入射驾驶员视线范围内为 7°57′~20°,所需时间约为 1.2~1.7s,在这段范围内,由于人视觉对洞口亮度变化的适应,驾驶员对太阳眩光的抵抗能力增强,能起到有效的防眩作用。

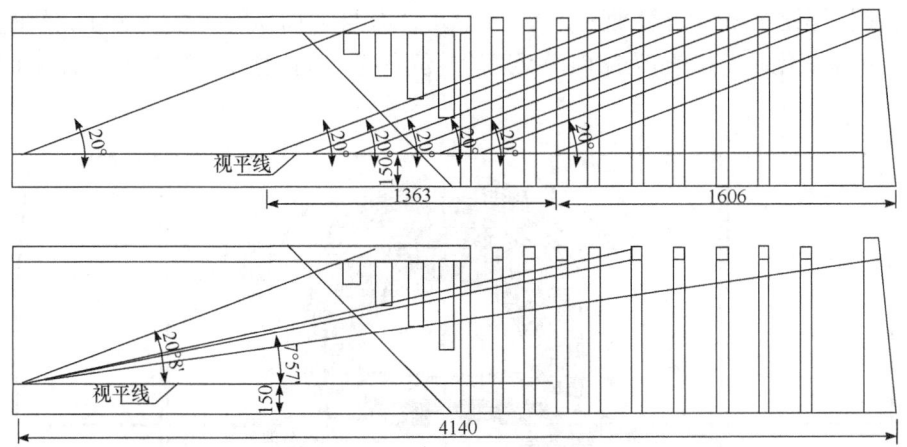

图 4-15　拱肋间距计算原理图

2) 铝合金管环向间距的初步设置

铝合金管采用 20cm 直径分段环向等间距预埋进混凝土拱肋并与拱肋形成整体效应,拱肋的间距取决于设置铝合金管后的洞口亮度情况,拟定间距为 100cm。在拱肋的共同作用下,正午光线投影到路面上面积为 97.72m²,约为该段路露面积的 41.2%,在亮度最强的情况下,遮光棚的减光效果非常好。

3) 减光工况下洞口段亮度计算

洞口因有遮光棚的遮光作用,太阳光不会全部直射在隧道口范围内,因此其亮度组成为太阳照射到路面的漫反射效应产生的亮度和天空产生的亮度之和。选取中午时刻太阳照射下的情况进行亮度计算,此时太阳照在水泥混凝土路面上的照度为 E_s=80000lx。

$$反射光的出射度为 M = \rho \times E_a \tag{4-12}$$

式中,ρ 为被照面的反射系数(反射比),沥青混凝土路面的反射系数为 0.1,混凝土反射系数为 0.32;E_a 为二次发光面上被照射的照度。假定计算中各反射光源均为完全扩散表面,可以得出

$$M_i = \pi l_i \tag{4-13}$$

$$L = L_t + L_f = A_t l_t / A + \sum A_i l_i / A = A_t l_t / A + \sum (M_I/\pi) A_i / A \tag{4-14}$$

式中,L 为人主视野范围内的亮度;L_t 为由天空引起的亮度,蓝天单位亮度取

8000cd/m²；L_f 为由漫反射光源引起的亮度；A_t 为人视野范围内 20°视场的天空面积(m²)；A_1、A_2、A_3 分别为太阳光照射到遮光棚顶、洞外路面、洞内透过遮光棚路面形成漫反射体投影于基准面的面积(m²)；A 为 20°视场范围面积，每个视点的视场范围面积根据投影计算确定，A_t、A_1、A_2、A_3 与 A 面积随视点位置与投影面的相对关系变化而变化；l_i 为路面漫反射的单位亮度。洞内亮度计算投影图如图 4-16 所示。

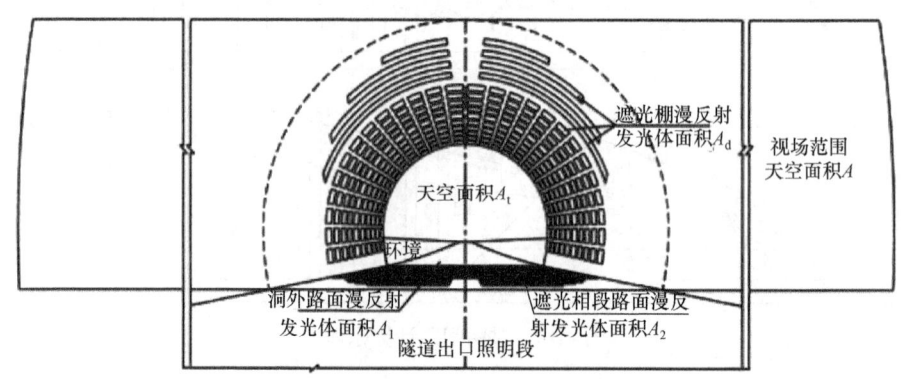

图 4-16　洞内亮度计算投影图

亮度计算选取 5 个具有代表意义的位置(图 4-18)分别为位置 1，以 20°视场线与削竹式洞门顶缘相交反推确定的视点位置，距遮光棚尾端 42.24m；位置 2，削竹式洞门顶缘处的视点位置，距遮光棚尾端 27.03m；位置 3，削竹式洞门尾端的视点位置，距遮光棚尾端 19.5m；位置 4，以 20°视场线出洞的临界点为视点位置，距遮光棚尾端 16.06m；位置 5，遮光棚尾端，即刚好出洞的位置。将各光源投影于该位置的基准面上，根据强度与照度关系求出照射和反射进入驾驶员视线的亮度，隧道洞顶轮廓顶与 20°视场线交点处的隧道横断面所在平面为基准面。各位置亮度计算成果如表 4-2 所示，洞内纵向亮度分布曲线如图 4-17 所示。

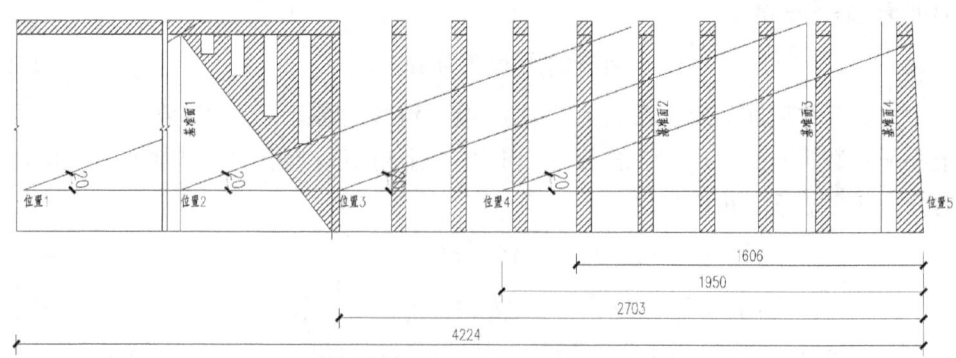

图 4-17　亮度计算纵向布置图

表 4-2 洞内纵向亮度分布表

位置	距洞口距离/m	蓝天效应			漫反射效应			亮度 $L/(cd/m^2)$
		A/m^2	A_t/m^2	亮度 $L_t/(cd/m^2)$	A_{11}/m^2	A_{12}/m^2	A_{13}/m^2	
1	-42.24	369	9.1	196.7	20.9	1.3	1.4	407.7
2	-27.03	369	18.6	404.1	61.4	2.1	5.1	1365.4
3	-19.50	369	37.6	814.3		7.9	37.6	2412.0
4	-16.06	369	47.4	1028.1		6.9	54.3	3149.3
5	0	369	205.3	4450.7		65.6		5174.7

由表 4-2 亮度变化对比发现，从洞内 65m 到 42.24m 处，不设遮光棚的隧道亮度增加 5.6 倍，设置遮光棚后增加 1.9 倍，两者亮度差为 640.7cd/m²；从洞内 42.24m 到 27.03m（暗洞口处），不设遮光棚的隧道亮度增加 2.7 倍，设置遮光棚后增加 2.3 倍，亮度差为 2462.2cd/m²；洞内 27.03m（暗洞口）到 19.5m（无遮光棚洞口处），不设遮光棚的隧道亮度增加 0.35 倍，设置遮光棚后增加 0.77 倍，亮度差为 2765.75cd/m²。暗洞范围内，遮光棚设置后亮度变化相对均匀，平均增加 0.375 倍/m，而不设遮光棚时为 0.806 倍/m；遮光棚范围内，平均增加 0.11 倍/m。在出洞口 65m 范围内驾驶员视线范围内亮度变化因遮光棚的设计较为均匀缓和，驾驶员有 3s 左右的时间适应出洞的光线变化，可以达到遮光效果。

4.5.2 遮阳棚

1. 江罗高速公路某隧道遮阳棚

1) 遮阳棚架构

以江罗高速公路某隧道为实际工程案例。该隧道长 1145m，设计车速为 80km/h，隧道建筑限界净宽 15.6m，净高 7.3m，路面采用沥青路面，洞口纵坡为 3%，采用端墙式隧道口，隧道单向交通量为 506veh/(h·ln)。本隧道所处地段存在多个隧道，出口受地形的制约，场地较小。综合考虑行车安全和遮光棚的减光效果等因素，采用钢筋混凝土结构和钢结构组合形式的遮光棚，遮阳棚两侧镂空，减少对实体隧道的通风和紧急疏散设置的影响。如图 4-18 所示为遮阳棚整体的架构。

2) 洞口照明设计方案对比

参照《公路隧道照明设计细则》(JTG/T D70/2-01—2014)，隧道洞外亮度取 $L_{20}(S)$=3500cd/m²，按照线性内插取值，入口段亮度折减系数 k 取值为 0.028。根据公式 $L_{th1}=k L_{20}(S)$ 可以算出入口段 TH1 的亮度，进而可以得到入口段 TH2、过

图 4-18 遮阳棚整体结构

渡段 TR1 和 TR2 的亮度。洞内采用沥青路面，照度转换系数为 15，表 4-3 所示为隧道单洞加强照明段照度。

表 4-3 隧道入口加强照明段照度需求

照明段	需求亮度/(cd/m²)	照度/lx	长度/m
入口段 1	100	1500	49
入口段 2	50	750	49
过渡段 1	15	225	72
过渡段 2	5	75	89

经计算，隧道洞口若增设遮阳棚，则实体隧道洞口的亮度需求会随之发生变化。根据入口段 1 的长度，本隧道遮阳棚长度为 49m，顶棚遮光板材选用蓝色 PC 耐力面板，透光率为 40%。安装遮阳棚后隧道洞口的亮度需求如表 4-4 所示。

表 4-4 加装遮阳棚隧道入口加强照明段照度需求

照明段	需求亮度/(cd/m²)	照度/lx	长度/m
入口段 1	35	525.0	49
入口段 2	17.5	262.5	72
过渡段 1	5.25	78.5	89
过渡段 2	转为基本照明段		

按照表 4-3、表 4-4 的照度要求，本隧道照明选用功率为 70W 到 400W 的高压钠灯对称布置。表 4-5 所示为不同方案的灯具布置情况。

表 4-5 隧道洞口灯具布置情况对比

	照明段	灯具功率/W	长度/m	灯具数/盏	功耗/(kW·h)
方案一	入口段 1	400	49	92	588.8
	入口段 2	400	49	48	307.2
	过渡段 1	150	72	60	144.0
	过渡段 2	150	89	36	86.4
方案二	入口段 1	400	49	48	307.2
	入口段 2	150	72	44	105.6
	过渡段 1	150	89	48	115.2
	过渡段 2	转为基本照明段			

注：方案一中隧道洞口不安装减光遮阳棚；方案二在隧道洞口安装减光遮阳棚。

如表 4-5 所示，本隧道洞口未安装减光遮阳棚，灯具安装数为 236 盏；方案二安装遮阳棚后，隧道洞口单向灯具初始设计数量为 140 盏，相对未安装遮阳棚，灯具数量减少了 41%，隧道双向入口加强照明段初装费用减少 46.6%，约 21.1 万元。在功耗方面，隧道洞口安装遮阳棚后，加强照明耗电量每天减少 51%，约 1100kW·h，全年隧道洞口照明耗电减少约 40 万 kW·h，相当于约 130 多 t 标准焦煤发电量，节能降耗效果明显。

根据江罗高速公路隧道所处的地质和地形环境、隧道洞门形式以及地理位置等，在隧道洞口设置不同构造的遮阳棚，形成平滑的亮度过渡带，防止洞内外亮度突变，有效地改善了隧道行车环境，确保行车安全和隧道节能降耗。实践表明，合理设置遮阳棚，可有效提高行车安全性，降低交通事故的发生率和运营成本[27]。

2. 邱家沟隧道与付家窑隧道连接段遮阳棚

邱家沟隧道与付家窑隧道连接段遮阳棚，综合考虑连接段地形、行车安全和遮光、减光的效果，该隧道遮阳棚采用了钢筋混凝土框架与钢结构组合形式，如图 4-19 所示。遮阳棚下部采用钢筋混凝土棚墙，可以起到防撞护栏的作用，在一定程度上保障了行车的安全；上部采用钢拱架与遮光板搭配的形式(钢拱架采用 I18 工字钢，并进行防锈处理；遮光板选用 6mm 双层湖蓝色阳光板)，能够大大减缓洞内外的亮度差异，降低司乘人员眩晕感，同时起到防雨雪、隔音降噪等多重作用，营造一个舒适的行车环境。

图 4-19　邱家沟隧道与付家窑隧道连接段遮阳棚

4.5.3　遮光棚与遮光板混合结构

上海长江隧道为双向 6 车道，设计标准为公路 1 级，设计车速为 80km/h。隧道浦东洞口地处上海郊区，和长兴岛洞口一样，均有较为开阔的地势。隧道敞开段采用大放坡结构，坡地上种植草皮和小灌木植被。自然光过渡遮光建筑整体造型契合敞开段开敞的形式，采用单拱形式的钢结构遮光棚与局部遮光板相结合的混合结构形式。

经计算，自然光过渡长度约为 78m，进口段与出口段的光过渡采用对称布置，如图 4-20、图 4-21 所示。图中灰色部分为遮光板，CC 轴处为入口车道和出口车道之间的中隔墙，其余部分基本为透光孔。车道正上方是遮光板覆盖区域，并开

图 4-20　上海长江隧道洞口图

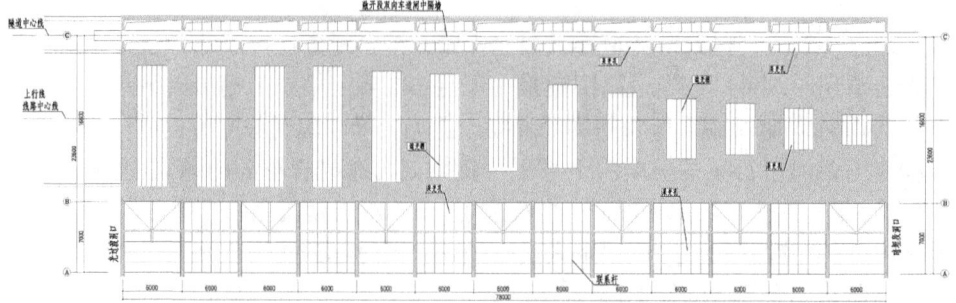

图 4-21　上海长江隧道自然光过渡平面图

设由大变小的共 13 个采光孔。采光孔与遮光板沿纵向 3m 间隔布设,采光孔与遮光板的百分比由光过渡口部处的 39%渐变为暗埋段洞口处的 11%,使得进入遮光棚的光线依次向隧道内递减。同时,顶部的采光孔中每间隔 0.5m 设置横向格栅片,这样可以消除车道正上方驾驶员 20%的仰角内自然光进入视线的可能,并且可以防止车辆行驶过程中出现斑马线闪烁的问题。

上海长江隧道减光建筑半幅拱架的平面投影尺寸约为 24m×78m,在车道两侧弧形外伸的顶棚上也开有透光孔,特别是绿化放坡的一侧基本处于全敞开。这虽然是出于整个隧道洞口景观设计的考虑,但同时也是因为这些透光孔的开设位置在车行道的外侧,即使是中午的强光、朝霞与傍晚的余晖都不会直接照射在车行道上,不会对驾驶员带来眩光。这样的设计,不论从车行视角、地面视角或高空俯视角度看,整个遮光棚都呈现出轻盈、通透、宽敞的效果。两侧透光孔中设置的另一种规律的联系杆,避免了产生斑马线的闪烁效应。

隧道建成之后,对浦东侧光过渡效果进行了实测。考虑到一天中不同时刻太阳的照射角度不同,故我们在 11:30～13:00 以及 14:30～15:30 两个时段,分别对长江隧道浦东遮光棚段进行了照度测试(图 4-22)。测试时车辆以 80km/h 的

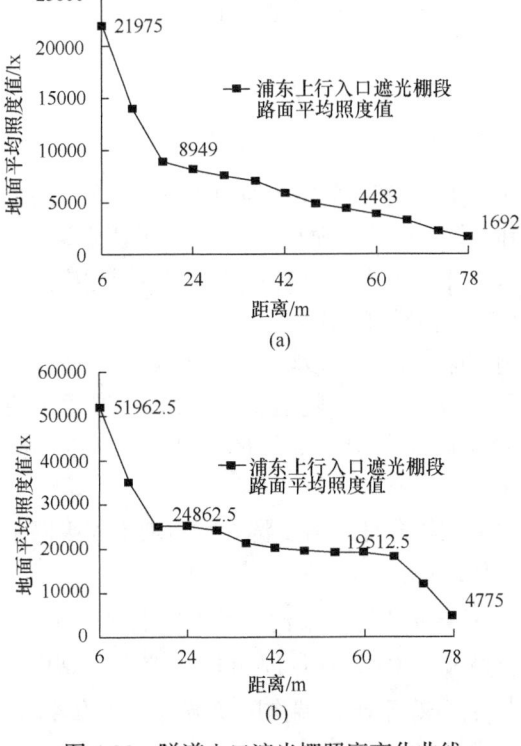

图 4-22　隧道入口遮光棚照度变化曲线

车速,从洞外驶向洞内。在 11:30~13:00 时段,太阳基本上直射遮光棚,在路面上投射下一块块亮斑(图 4-23)。由具体测试数据可知,亮斑处照度值约为阴影部分照度值的 2.7 倍,但是两者间的过渡比较平缓。结合图 4-22(a)、(b)所示该时间段的整体光过渡数据曲线,可以知道,行经整个自然光过渡段后,路面照度得到了合理、平缓的过渡,从洞外的自然光照度削减到 8%~9%,洞口处照度值分别为 4775lx、1692lx,与设计要求值 2310lx 基本接近。实测结果显示,长江隧道的遮光棚光过渡效果良好,达到了设计要求[32]。

图 4-23 现场光斑照片

4.5.4 隧道洞口绿化

1. 工程概况

在西南铁路线选择刘家山隧道南阳端(翼墙式洞门)、老庄隧道西安端(台阶式洞门)、老庄隧道南阳端(单压式明洞门)、北坪隧道西安端(翼墙式洞门)等四座隧道洞口进行隧道洞口绿化。下面介绍老庄隧道洞口绿化应用方案[29]。

1) 老庄隧道洞口位置及洞门结构

老庄隧道位于道沟峪右岸,黄沙岭上,自然坡度 30°~40°。山梁坡面基岩裸露,坡脚上覆第四系松散堆积物,隧道全长 148m,交通不便。西安端洞口位于 IDK83+690 处,台阶式洞门。南阳端洞口位于 IDK83+838 处,单压式明洞门。

2) 工程地质特征

该工点地层主要为太华群片麻岩、沟谷及斜坡堆积第四系地层,主要有碎石土、砂黏土等。详述如下:

(1) 砂黏土(Q_4^{dl2}):分布于进口端沟床及山坡上部,厚 0~1m,棕黄色,颗粒较多,含岩石碎屑及砂粒,土质不均匀,II 级普通土,地基承载力为 150kPa。

(2) 碎石土(Q_4^{dl7}):分布于出口端沟床及坡脚,厚约 4m,棕黄色,碎石成分为片麻岩及片岩等。尖棱状,粒径 2~20mm 的约占 20%,20~200mm 的约占

40%，大于约 200mm 的占 30%，其余为土质充填，松散，潮湿，II 级普通土，$\sigma_0 = 300\text{kPa}$。

(3) 片麻岩片岩($\text{Arth}^{\text{Gn+Sc}}$)：灰白色，灰绿色，片岩约占 20%，矿物成分以绿泥石、石英为主。片麻岩占 80%，矿物主要成分为：长石占 50%，石英 20%～30%，云母、角闪石等次之。粒状变晶结构，暗色矿物成线状排列，片状片麻状构造，之间夹石英条带。岩石容重 28.5kN/m³，吸水率 0.29%。岩体受构造影响严重，节理发育，风化严重。V 级次坚石，III 类围岩，$\sigma_0=1200\text{kPa}$，风化层厚约 5m，岩性破碎，$\sigma_0=600\text{kPa}$。

3) 水文地质条件

隧道地下水和地表水均不发育，洞身可能有微量基岩裂隙水。

4) 气象资料及原植被条件

工点地处秦岭中山区，属南温带亚湿润山地气候区。年平均气温 12.5℃，最冷月平均气温 0.6℃，最热月(七月)平均气温 24.0℃，极端最高气温 39.8℃，极端最低气温-14.8℃，年平均降水量 739mm，年平均蒸发量 1391.2mm，最大冻结深度 70cm。本区植被较好，灌木、草密林丛生，森林覆盖率高。

5) 洞口防排水设计

西安端洞顶边、仰坡开挖线 5m 以外设截水沟一道，以拦截地面水，截水沟尺寸 40cm×60cm(宽×深)梯形断面。南阳端洞外侧沟设不小于 2‰的反坡排水，距洞口 2m 处路基面设横向盲沟一道，以拦截路面水，尺寸 40cm×30cm(宽×深)矩形断面。

6) 衬砌支护类型

全隧道除明洞采用明洞衬砌外，其余采用曲墙有仰拱模筑混凝土衬砌，喷锚施工支护。出口 IDK83+820～+830 段和进口 IDK83+690～+705 段，设 3 榀/2m 的型钢钢架加强支护，IDK83+705～+820 段设 1 榀/1m 型钢钢架加强支护。

2. 隧道洞口绿化设计

1) 洞口绿化设计的总体构思

老庄隧道地处偏僻山区，当地无重要特色的人文景观。隧道所在地的原有植被以草本植物和低矮小灌木为主。经多方研究考虑本次洞口绿化以草本植物为主景，洞门及用混凝土预制块浆砌而成的边翼墙墙面不作绿化。草本植物以当地的草种为主，以便与当地植物一致[29]。

2) 结构设计及材料选型

(1) 试验工点隧道洞口边、仰坡采用厚层基材喷射植被护坡绿化，以达到防止洞口坡面岩土风化剥落，恢复坡面植被和美化环境的目的。

(2) 厚层基材喷射植被护坡，是使用经改进的混凝土喷射机将拌和均匀的厚层基材混合物(由绿化基材、混合植被种子、纤维、种植土和水组成)按设计厚度喷射到岩石坡面上的绿色护坡技术，基本构造由锚钉或锚杆、金属网和厚层基材三部分组成。

(3) 坡面挂金属网，网用锚杆固定，锚杆与网用螺栓压板连接，锚杆用水泥砂浆锚固，钻孔孔径 $\phi25$，孔深 30cm。锚杆纵横向成梅花形布置，间距 100cm，周边加密至间距为 50cm，网搭接长度不小于 10cm，且用 18#铁丝间隔 30cm 绑扎牢固成整体。

(4) 植物群落类型：草灌型。

(5) 混合植被种子设计：外来草种由高羊茅、冰草、草地早熟禾、白三叶、小冠花组成，各草种用量如表 4-6 所示。灌木选用本地优良品种移植于坡面。

表 4-6　混合植被种子各草种用量　　　　　　　　　　　(单位：g/m²)

高羊茅	冰草	草地早熟禾	白三叶	小冠花
7	3	1	2	1

(6) 锚杆：$\phi12$ 钢筋，杆体长 40cm，钢垫板，尺寸 60mm×60mm×3mm。

(7) 网：14#镀锌铁丝网，网孔 50mm×50mm。

(8) 种植土：工程地原有的农田地表土，粉碎风干过 8mm 筛。

(9) 纤维：秸秆或树枝，粉碎成 10～15mm 长。

(10) 绿化基材：现场混合。

(11) 基材混合物喷射厚度：10cm，其中含种子层厚 2cm。

(12) 基材混合物配比：如表 4-7 所示。

(13) 护坡工程量：如表 4-8 所示。

表 4-7　基材混合物配比　　　　　　　　　　　(单位：m³/m²)

绿化基材	纤维	种植土
0.03	0.06	0.06

表 4-8　护坡工程量(喷射面积以 1500m² 计)

序号	名称	单位	工程量	备注
1	绿化基材	m³	39	
2	混合植被种子	kg	18.2	
3	种植土	m³	78	过 8mm 筛
4	纤维	m³	78	

续表

序号	名称	单位	工程量	备注
5	锚杆	kg	1800	
6	14#镀锌铁丝网	m²	1430	
7	无纺布	m²	1500	

3) 施工设计与施工工序

(1) 主要施工机械包括混凝土喷射机(1 台)、混凝土搅拌机(1 台)、空压机(1 台)、水泵(2 台)、风钻(2 台)等。

(2) 施工工序，如图 4-24 所示。

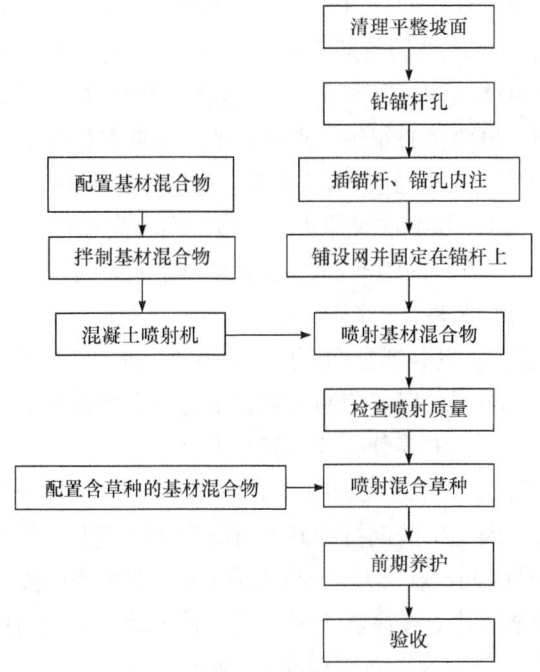

图 4-24 施工工序

① 清理、平整隧道边、仰坡坡面。清除坡面浮石、浮根，尽可能平整坡面，坡面清理应有利于基材混合物和岩石坡面的自然结合，禁止出现反坡。

② 钻孔。按设计布置锚杆孔位，用风钻凿孔。钻孔孔眼方向与坡面垂直，孔径 25mm。

③ 安装固定锚杆。在锚杆孔内插入锚杆，将水泥砂浆注满锚孔内，待浆液凝固后，锚杆就固定于坡体。

④ 铺设、固定网。铺设时网应张开并拉紧，网间搭接宽度不小于10cm，并每隔30cm用18#铁丝绑扎，安装锚杆托板用以固定网。网不能与坡面密贴，离开坡面的距离约为喷射厚度的一半，以便使网居于喷射有机基材的中间。

⑤ 拌和基材混合物。把绿化基材、纤维、种植土按设计比例依次倒入混凝土搅拌机料斗搅拌，搅拌时间不应小于1min。

⑥ 上料。采用人工上料方式，把拌和均匀的基材混合物倒入混凝土喷射机。

⑦ 喷射基材混合物。喷射尽可能从正面进行，避免仰喷，凹凸部及死角部分要充分注意。

⑧ 配制含草种的基材混合物。第一次喷射后检查喷射质量达到要求后，再喷射含草种的基材混合物。基材混合物的喷射分两次进行，首先喷射不含种子的基材混合物，然后喷射含种子的基材混合物，含种子层厚度为2cm。

⑨ 前期养护。边坡植被的前期养护，与一般的绿地草坪植被相比有其特殊的条件，稍不注意就可能给建设带来麻烦，故要特别地重视。尤其对在干旱高温地区施工后前期养护，更要精心组织，严格作业。前期养护应注意以下几点：

(a) 编制前期养护组织措施，落实人员、水源、工器具。

(b) 用高压喷雾器使养护水成雾状均匀地湿润坡面基材混合物。

(c) 控制好喷头与坡面的距离和移动速度，保证无高压射流水冲击坡面形成径流，冲走基材混合物及种子，影响发芽。

(d) 养护湿润深度，发芽期湿润深度控制在3~5cm，幼苗期依据植物根系的发展逐渐加大到5~15cm，但要控制不致在基材混合物内形成"壤中流"，侵蚀基材混合物中小颗粒及淋失养分，破坏养分平衡。

(e) 养护时间及次数，经过处理的种子，一般喷射施工后一个月时间能基本形成稳定的坡面植被，因此，前期持续养护时间为45d左右。每天养护两次，早晚各一次，早晨的养护时间应在早晨10点以前完成，避免在强烈的阳光下进行喷水养护，以免灼伤幼苗叶片。在高温干旱季节，种子幼芽及幼苗由于地面高温容易被烫伤，每天应增加1~2次，每次湿润1~2cm即可。

(f) 病虫害防治。植物在幼苗期很容易遭到病虫害的袭击，特别是在春夏秋季节更是如此，应做好观测，及时加以防范。

(3) 劳动力分配。

厚层基材喷射植被护坡工程的施工分三阶段进行：①钻孔、安装锚杆、挂网和取土阶段；②基材混合物喷射和取土阶段；③前期养护阶段。劳动力分配应根据不同阶段有所差异。施工第一阶段的劳动力分配如表4-9所示。施工第二阶段的劳动力分配如表4-10所示。

表 4-9 施工第一阶段的劳动力分配表

工序	定额/人	工序	定额/人
钻孔	4	安装锚杆	2
挂网	2	筛种植土	3
运输种植土	1	现场管理	1

表 4-10 施工第二阶段的劳动力分配表

工序	定额/人	工序	定额/人
喷枪手	2	搅拌机上料	3
喷射机上料	2	机电工	2
筛种植土	2	运输种植土	1
现场管理	1		

养护阶段的劳动力分配,在喷射施工期间的养护由施工组实施,喷射施工结束后,养护人员的定额根据实际经验定为 1 人/2000m^2。

(4) 施工质量控制。

为保证厚层基材喷射植被护坡工程的施工质量,必须对施工全过程进行有效的质量管理与控制。

第 5 章　隧道光源节能技术

光源选择是节能的重要途径之一。隧道照明光源种类很多,应结合隧道地址环境条件,合理选用照明光源,这是隧道照明节能最为关键的基础,即保证隧道运行安全,又能实现隧道照明节能减排。同时隧道照明光源选择与隧道照明控制技术有效结合,能有效提升照明系统的节能效果。

5.1　城市隧道照明光源种类及选择

在隧道照明节能技术中,照明光源是个重要的研究方向,选用合适的隧道照明光源能有效降低能耗。隧道照明的光源除了满足隧道特定环境下的光效、光通量、光衰减、寿命、光色和显色性、成本要求,还应保证在汽车排放形成的烟雾中有良好的能见度。因此,选择一种适宜的光源是隧道照明设计的重要环节[33]。

5.1.1　隧道照明光源

隧道照明中传统的照明光源是白炽灯、荧光灯、高压汞灯、低压钠灯和高压钠灯。随着科技的发展,LED 灯及电磁感应灯等新型电光源也逐步用于道路和隧道照明中。

1. 荧光灯

荧光灯使用寿命不长,透雾性较差,但显色性较好,荧光灯的光效和寿命均为普通白炽灯的 5 倍以上,在城市隧道中也有使用,一般使用在隧道紧急停车带和人行横道。

2. 高压汞灯

高压汞灯是隧道照明的第二代光源,光效不高,而且吸引蚊虫,不能调光。目前隧道照明中已使用较少[34]。

3. 低压钠灯

低压钠灯虽然光效高于其他光源,但它的光谱分布过窄,显色性差,使用寿命短,在隧道中很少使用,主要用于道路照明。

4. 高压钠灯

高压钠灯光效高，橘黄色的光线透烟雾性强，使用寿命长，高品质高压钠灯的寿命在标准电压下工作一般为 18000~24000h，是实现隧道照明的首选产品。在公路隧道的发展进程中，高压钠灯发展空间广阔，市场容量很大，替代高压汞灯照明势在必行。20 世纪 90 年代中期，欧司朗公司已开发出脉冲式钠灯光源，该光源除继续保持寿命长、高光效的特点外，还显著改善了光色和显色性。

目前，国内外隧道照明几乎均采用高压钠灯，高压钠灯使用时要配用镇流器。市场上销售的镇流器有传统电感镇流器、节能(低损耗)型电感镇流器、H 级电子镇流器、L 级电子镇流器。传统的电感镇流器功耗大。电子镇流器虽然具有高光效、低频闪和节能等优点，但目前因价格过高或产品质量难以令人满意或对外电磁干扰很严重等原因，其适用范围受到限制[33]。

5. 电磁感应灯

电磁感应灯(无极荧光灯)采用的原理是先由电产生磁场，由磁场产生感应电流，再应用耦合振荡原理利用产生的高频电压将灯点亮。电磁感应灯的寿命可达到 60000h 左右，光效可达 85~90lm/W，显色性好，高效节能。

但电磁感应灯真正应用于照明，技术上还有待完善，且价格昂贵，在日本新干线上安装的 105W 的灯体，约 500 美元一只。欧司朗公司开发了 100W 和 150W 两种规格的无极荧光灯并投入使用，价格每只高达人民币 5500~6500 元，只在欧洲少量使用。国内生产的无极荧光灯已开始了在隧道的应用尝试[34]。

6. LED(发光二极管)

LED 以其固有的特点，如省电、寿命长、耐振动、响应速度快等，广泛应用于指示灯、信号灯、显示屏、景观照明等领域。早前由于白光 LED 的光效低、功率小、亮度差、价格昂贵等条件的限制，无法作为通用光源推广应用[34]。近年来，随着 LED 发光效率的逐步提高，工艺的不断改进和价格的不断降低，LED 光源必将在隧道照明中发挥巨大的作用。

几种光源特性比较如表 5-1 所示。

表 5-1 照明光源特性

光源种类	白炽灯	荧光灯	高压汞灯	低压钠灯	高压钠灯	电磁感应灯	白光 LED
额定功率/W	5~2000	5~55	250~20000	18~180	35~1000	20~300	1~200
发光效率/(lm/W)	14.4	44~87	34	100~200	64~140	40~80	50~150

续表

光源种类	白炽灯	荧光灯	高压汞灯	低压钠灯	高压钠灯	电磁感应灯	白光LED
使用寿命/h	1000	5000~10000	24000	2000~3000	12000~24000	60000~100000	100000
显色指数 Ra	100	80	50	20~44	23~85	>80	>80
色温/K	2790	2500~6500	3900	1800	1900~2800	2700~5000	3000~10000
启动稳定时间/min	快速	10s 或快速	4~10	7~15	4~8	快速	快速
再启动时间/min	快速	10s 或快速	3~15	≥5	3~15	快速	快速
闪烁	无	有	有	有	有	不明显	无
电压变化对光通输出的影响	较大	较大	较大	大	大	小	小
耐振性能	一般	较好	一般	较好	好	一般	好
是否有附件	无	有镇流器	有镇流器	有镇流器	有镇流器	无	无

从发光效率来看，LED 灯和低压钠灯的光效要比其他灯具的光效高出很多，这表示如果对隧道达到相同的光照度情况下，LED 灯和低压钠灯消耗的电能会少很多。从启动时间来看，LED 灯和电磁感应灯是启动时间较快的灯具。从闪烁程度来看，LED 灯是所有灯具中效果最好的。从耐振性能来看，高压钠灯和 LED 灯具有较好的耐振性能。

5.1.2 适用于城市隧道照明的 LED 光源

1. LED 的发光原理

LED 是英文 light emitting diode(发光二极管)的缩写，它的基本结构是一块电致发光的半导体材料，置于一个有引线的架子上，然后四周用环氧树脂密封起到保护内部芯线的作用，所以 LED 的抗震性能好。LED 结构如图 5-1 所示。

导体和 n 型半导体之间有一个过渡层，称为 PN 结。在某些半导体材料的 PN 结中，注入的少数载流子与多数载流子复合时会把多余的能量以光的形式释放出来，从而把电能直接转换为光能。PN 结加反向电压，少数载流子难以注入，故不发光。这种利用注入式电致发光原理制作的二极管叫发光二极管，即 LED。

LED 处于正向工作状态时(即两端加上正向电压)，电流从 LED 阳极流向阴极，半导体晶体就发出从紫外到红外不同颜色的光线。光的强弱与电流有关，光的颜色与制作材料有关。

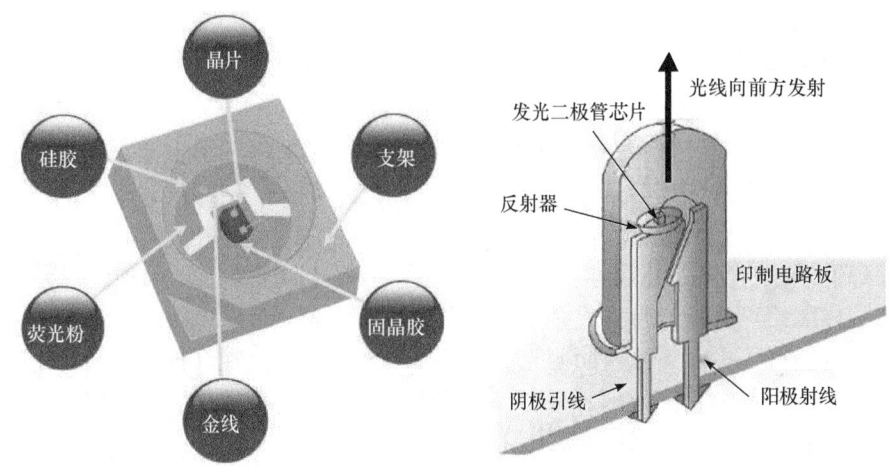

图 5-1 LED 的构造图

2. LED 灯特点

LED 作为一种新颖的半导体光源，其特点主要表现在以下几个方面。

(1) 寿命长。

LED 的使用寿命可以长达 100000h，传统的光源在这方面无法与之相比。一般来讲，普通白炽灯的寿命约为 1000h，荧光灯、金属卤化物灯的寿命不超过 10000h，高压钠灯是有电极的放电灯中寿命较长的，为 20000h，射频或微波激发的无极放电灯放电管的寿命虽然可达到 60000h，但整灯的寿命要受制于激励电路中的电子元器件和微波振荡管的寿命。因此，在一些维护和换灯困难的场合，使用 LED 作为光源，可大大降低人工费用。

(2) 启动时间短。

气体放电光源从启动至光辐射稳定输出，需要几十秒至几十分的时间，这是由气体放电光源本身的特性决定的，因为多数气体放电灯的工作物质在常温下是液体或固体，启动后需要一个加热气化的过程才能达到稳定的工作状态。白炽灯是热辐射光源，给人的感觉是一点就亮，实际上白炽灯启动后也有约零点几秒的响应时间。而 LED 的响应时间只有几十纳秒，因此在一些需要快速响应或城市运动的场合，应用 LED 作为光源是很合适的。

(3) 结构牢固。

LED 是用环氧封装的半导体发光的固体光源，其结构中不包含玻璃、灯丝等易损坏的部件，是一种实心的全固体结构，因此能够经受得住震动、冲击而不致引起损坏。LED 的这一特性使它可以应用于使用条件较为苛刻和恶劣的场合。

(4) 功耗低。

LED 的能耗较小，是一种节能光源。初期的白光 LED 的光效已经达到 25lm/W，超过了普通白炽灯的水平。LED 的技术飞速发展，如今随着关键技术的突破，白光 LED 的光效已能达到约 100lm/W，大大超过了现在所有照明光源的光效，在照明方面有着诱人的应用前景。

(5) 发光体接近点光源。

LED 的发光体芯片尺寸很小，在进行灯具设计时基本上可以把它看做点光源，这样能给灯具设计带来许多方便。白炽灯的发光体是灯丝，有一定的长度，荧光灯管的尺寸更大，这些照明光源都不能看成点光源，在灯具设计时首先要建立一个光源辐射模型，处理起来有一定的难度。而点光源的光源辐射模型是最简单的，这有利于 LED 的灯具设计。

(6) 可以做成薄型灯具。

传统的照明光源向空间的几乎每一个方向发光，在设计照明灯具时，为了提高光线的利用效率，通常要用曲面反射器来收集光线，使之向所需要的方向照射。由于反射器距离光源有一定的距离，反射器的曲面又有一定的曲率，因此整个灯具就有一定的厚度。而 LED 发光的方向性很强，很多情况下只需用透镜将其发出的光线进行准直、偏折，而不需要使用反射器[35]，这样设计的灯具厚度较小，可以做成薄型美观的灯具，尤其适合于没有太多灯具安装空间的场合应用。

5.1.3 适用于城市隧道照明的 HID 光源

高强度气体放电(high intensity discharge，HID)灯，包括高压汞灯、高压钠灯、金属卤化物灯及特种气体放电灯(氙灯、氢灯)等，具有光效高、显色性好、寿命超长、光谱频带宽、汞含量小、性能稳定等优点，应用广泛。HID 灯根据填充气体不同分为很多种，各种 HID 灯的特点的比较如下：①荧光高压汞灯，寿命长、成本相对较低；②高压钠灯的寿命长、光效高、透雾性强；③金属卤化物灯的寿命长、光效高、显色性好；④陶瓷金属卤化物灯的性能优于一般金属卤化物灯。

1. HID 灯的发光原理

各种 HID 灯发光原理基本相似，只是填充气体不同，因此输出的光也不相同。下面以金属卤化物为例，来说明 HID 灯的主要结构及放电形式。图 5-2 为金属卤化物灯的结构示意图，高压气体被填充于弧光管内，弧光管管壁一般用石英制成。气体击穿放电，建立稳定的光辐射均发生在图示的弧光管内。金属卤化物灯起源为高压汞灯灯管内加入金属卤化物，之所以采用金属的卤化物，是因为它有两个很好的特性：第一，金属卤化物的蒸气压一般都比金属的蒸气压高得多，能使电弧中心金属原子的浓度达到产生有效辐射的标准；第二，除金属氟化物外，其他金属卤化物都不和石英玻璃或电极发生明显的化学作用，可避免灯泡外壳损坏。金属卤化物灯的平均显色指数可达 90，最高甚至可达 95。只要选择适当的发光物质，就可以使辐射尽可能集中在所需要的波长，而使其他波长的辐射减少，甚至为零；且气体放电辐射的波长范围有选择性，使得金属卤化物灯色彩呈现多样化，其发光效率也能有所调整，可达到较高的发光效率。而金属卤化物灯的发光效率可达 75～125lm/W，在众多光源中属于发光效率较高的一种。

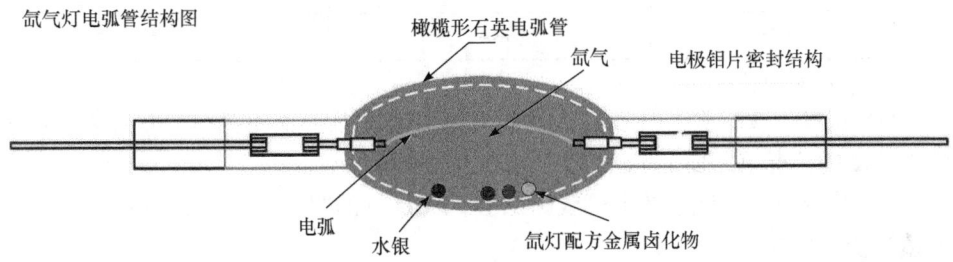

图 5-2　金属卤化物灯结构示意图

2. HID 灯的特点

HID 灯因填充气体的不同，其光效、颜色也有所不同。HID 灯之所以发光效率高，主要是因为其光谱的分布主要位于可见区，人眼视觉的可见光谱波长约为 380～780nm。高压汞灯工作时，主要辐射的是 404.7nm、435.8nm、546.1nm 和 577.0～579.0nm 的可见谱线，此外还有辐射较强的 365.0nm 的长波紫外线。

金属卤化物灯辐射谱线遍布在可见光范围内，且辐射谱线的峰值皆发生在波长等于 500～600nm。由于灯管中所填充的金属卤化物成分不同，所呈现出的辐射光谱与辐射能量也会不同。钠铭铟类灯的辐射光谱在绿光区(520nm)与黄光区(592nm)的辐射能量较大，色温则介于温暖色(<3300K)与清冷色(>5000K)之间。卤化锡的能量主要分布在黄光区，所以灯的颜色偏黄。图中的钠铊铟类、抗钠类、摘铟类和卤化锡类四类卤化物灯的色温分别为：4200～4500K，3800～4200K，6000K 和 5000K，显色指数分别为：65～70，65～70，90 和 92。金属卤化物灯具有良好的色温和显色指数，拥有良好的发光效率。

5.1.4　LED 作为照明光源的经济性

1. LED 灯具节能分析

选取典型的 LED 灯和 HID 灯测试特性参数数据如表 5-2 所示。

表 5-2　两灯光参数数据

名称	HID 灯(金属卤化物灯)	LED 灯
光效/(lm/W)	70.16	90.58
光通量/lm	5287	7787
辐射通量/W	20.86	23.06
光量子数	9.190e	1.053
荧光蓝光比	1.201	2.893
荧光能效	13.42	19.36

(1) 从发光效率看，LED 灯的光效要比 HID 灯要高出不少。在路面达到相同的光照度的情况下，LED 灯消耗的电能会少很多。

(2) 从附属配套装置的电气线路来看，LED 灯的驱动电源比 HID 灯配套使用的镇流器效率要高。

(3) 从二次光学系统的应用来看，LED 灯优于 HID 灯。由于 HID 灯为全角 360°发光，通常需要在光源背面加上一个反光装置使发出的光照射在路面上提高能效利用。但是由于 HID 光源庞大，在路面上形成的光斑通常是一个不均匀的圆斑；中心处很亮，而在径向衰减很快，为了达到设计细则的均匀度要求，通常不得不提高输出功率，而降低了总能量利用率。现在市场上的 LED 灯通过二次光学系统的整合能够将 LED 芯片发出的光合理分配到路面上，这样就可以在低的发光效率下实现高于 HID 灯的能量利用率。

照明满足双车道城市隧道条件时，不同光源的照明功率可计算出来，比较其节能效果，计算数值如表 5-3 所示。

表 5-3　不同光源照明功率密度比较值

光源类型	背景亮度/(cd/m^2)	照明功率密度/(W/m^2)
金属卤化物灯	1.5	1.14
	2.0	1.63
高压钠灯	1.5	0.74
	2.0	1.24
无极荧光灯	1.5	1.48
	2.0	2.38
LED 灯	1.5	0.77
	2.0	1.13

照明功率密度是指建筑的房间或场所单位面积的照明安装功率(含镇流器、变

压器的功耗)。根据上表可以看出，LED 灯的照明功率密度无论是在背景亮度为 $1.5cd/m^2$ 还是 $2.0cd/m^2$ 的情况下都相较于金卤灯、高压钠灯、无极荧光灯的值更为优秀，即说明 LED 灯具在照明亮度相同的情况下，功率都比较低，且 LED 灯具有寿命长的特点，作为照明光源具有良好的经济性，能够实现照明节能的目的。现在市场上 LED 灯具的价格大约是 HID 灯具(含光源和附属电气装置)价格的 3～5 倍。但考虑到 LED 灯寿命为 HID 灯的 3～5 倍，因此灯具的成本相差不多。使用 LED 灯的话，初始投资要大些，但考虑到光照度和灯具数量不变的情况下，使用 LED 灯比使用 HID 灯的耗电量至少节约 25%。按照这个百分比推算全国照明电费开支，一年可省约几十亿元，大大提升了其性价比。

近年来，以 LED 灯具为主的新型隧道照明设计需求日益增大，然而，隧道 LED 照明标准欠缺，阻碍了节能型技术的推广。为了更好地推进隧道 LED 照明工程应用和推广绿色照明技术，行业内对城市隧道照明光源与灯具进行了规范，提出了用于隧道照明的白光 LED 整灯 5 级初始光效划分方法，便于照明灯具选择。初始光效划分方法如表 5-4 所示。

表 5-4 白光 LED 能效划分

等级	色温 2007～3300K	色温 3301～6500K
1	≥135	≥140
2	≥120	≥125
3	≥105	≥110
4	≥90	≥95
5	≥75	≥80

参考表 5-4 的划分，在新建城市隧道中，应选用 4 级以上隧道 LED 照明灯具。

采纳了建筑照明相关指标要求，引入了隧道照明功率密度指标，提出了采用功率密度指标，实现节能控制。提出隧道照明节能设计时，照明功率密度值宜小于表 5-5 的要求。

表 5-5 隧道照明功率密度值

隧道照明区域	照明功率密度/(W/m²)	照度/lx
过渡段(入口)	2.5	220
中间段	0.6～1.2	25～100
过渡段(洞内)	1.2	100
减光段(洞外)	0.5	25

2. LED 灯具在隧道中的应用

由于 LED 灯具的优越性，越来越多的隧道和改造项目开始使用 LED 灯具作为照明光源。以东石翁隧道和寺阴隧道(共 2894m)照明节能改造项目为例，参照《公路隧道照明设计细则》(JTG/TD70/2-01—2014)相关规定，且保证不低于现有照明效果情况下，分别选用 240W、180W、150W、90W 和 40W 的 LED 灯具对隧道照明进行改造。改造前隧道照明灯具数量明细如表 5-6 所示。

表 5-6　改造前隧道照明灯具

隧道名称	150W 高压钠灯	250W 高压钠灯	400W 高压钠灯	灯具数量合计
东石翁隧道	624	20	192	836
寺阴隧道	282	20	192	494
合计/套	906	40	384	1330
功率/W	135900	10000	153600	299500

改造后 LED 灯具的数量明细如表 5-7 所示。

表 5-7　改造后隧道 LED 灯具情况表

隧道名称	40W LED 灯	90W LED 灯	150W LED 灯	180W LED 灯	240W LED 灯	灯具数量合计
东石翁隧道	764	48	—	140	—	952
寺阴隧道	475	—	72	—	140	687
合计/套	1238	48	72	140	140	1639
功率/W	49520	4230	10800	25200	33600	156950

根据改造前的灯具消耗和改造后的照明光源消耗比较，本项目 LED 灯具的功率大约节约了 47%。若按电费 0.8 元/(kW·h)计算，改造后的运营电费一年可节约 99.8 万元。

通过研究常用的城市隧道照明灯具 HID 和 LED 隧道灯具的特点和灯具参数，与常用的隧道照明灯具进行比较与分析，可得出 LED 隧道照明灯具不仅可以满足隧道照明要求，且比其他灯具更节能、环保。

5.2　隧道照明控制技术

5.2.1　隧道照明亮度特性

隧道照明在不同的时间、不同交通量等条件下的亮度需求不同，为了保障隧道安全、高效、经济运营，需要结合洞外亮度、时间、交通量、平均车速、洞内能见度、供电电压、天气条件等控制参数制订合理的照明控制方案。对照明设施进行有效的控制，不仅能有效提高隧道运营安全水平，还是落实节能减排的重要措施。

根据车辆通过隧道所经历的亮度适应曲线将隧道划分为5个照明区段，针对各个区段确定了照明亮度标准；以这一标准为基础设计的隧道照明系统总体上符合隧道亮度曲线变化规律。从不同天气情况下对隧道入口段照明的控制要求(图5-3)及隧道入口段长度和亮度计算公式可知，隧道内各照明区段的亮度和长度主要取决于隧道洞口亮度$L_{20}(S)$和车辆行车速度。而隧道洞口亮度$L_{20}(S)$白天主要由天气状况决定。晴天、多云、阴天、重阴天气对洞内入口段、过渡段、出口段亮度的调节均产生较大的影响，洞外亮度增加，隧道内各段灯具的照度也相应增大，反之则相应减小(表5-4)。雨天或大风天气不仅影响洞外亮度，还影响车速，而车速又直接影响隧道内各照明区段的长度和亮度。

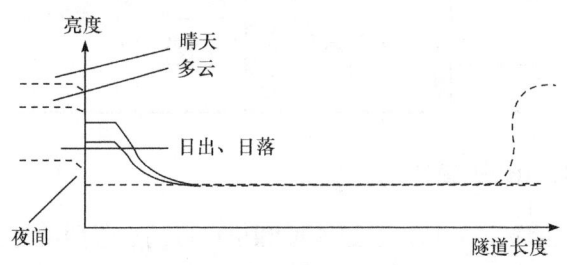

图5-3　不同天气情况下对隧道入口段照明的控制要求

隧道照明设计从保证司机行车安全考虑，通常是以隧道洞口晴天时所得到的亮度$L_{20}(S)$及隧道最高设计时速为依据，当洞外天气为多云、阴天、雨天或雾霾天气时，若仍然采用以晴天的亮度$L_{20}(S)$为依据确定隧道各照明区段的亮度进行照明，就会造成过度照明，浪费能源。

鉴于此，在隧道运营管理中，需要根据洞外天气情况，对隧道内各照明区段灯具调光从而达到对各照明区段的亮度进行控制的目的。

5.2.2　隧道白天调光要求

白天，隧道加强照明应根据洞外亮度和交通量变化，对隧道入口段、过渡段和出口段设置调光方案。我国《公路隧道照明设计细则》(JTG/T D70/2-01—2014)对白天不同气候条件下加强照明调光分级推荐按表5-8执行。

表 5-8 白天加强照明调光分级

分级		亮度/(cd/m²)	交通量 N/[veh/(h·ln)]	
			单向交通	双向交通
夏季晴天	Ⅰ	$L_{20}(S)$	≤350	≤180
	Ⅱ		350<N<1200	180<N<650
	Ⅲ		≥1200	≥650
其他季节晴天/夏季云天	Ⅳ	$0.5L_{20}(S)$	≤350	≤180
	Ⅴ		350<N<1200	180<N<650
	Ⅵ		≥1200	≥650
其他季节云天/夏季阴天	Ⅶ	$0.25L_{20}(S)$	≤350	≤180
	Ⅷ		350<N<1200	180<N<650
	Ⅸ		≥1200	≥650
其他季节阴天/重阴天	Ⅹ	$0.13L_{20}(S)$	≤350	≤180
	Ⅺ		350<N<1200	180<N<650
	Ⅻ		≥1200	≥650

5.2.3 隧道夜间照明调光设计

(1) 夜间应关闭隧道入口段、过渡段和出口段的加强照明灯具。

(2) 长度为 1000m 且设有自发光诱导设施和定向反光轮廓标的高速公路和一级公路隧道，夜间可关闭全部灯具。

(3) 长度为 1000 m 且设有定向反光轮廓标的二级公路隧道，夜间可关闭全部灯具。

(4) 公路设有照明时，其路段上的隧道夜间照明亮度应与道路亮度水平一致；公路未设置照明时，高速公路和一级公路隧道夜间照明亮度可取 1.0cd/m²，二级公路隧道夜间照明亮度可取 0.5cd/m²。

(5) 单向交通隧道夜间交通量不大于 350veh/(h·ln)，双向交通隧道夜间交通量不大于 180veh/(h·ln)时，可只开启应急照明灯具。

5.2.4 隧道照明控制模式

隧道照明分正常工况照明、异常工况照明和应急工况照明三类。正常工况照明是保障隧道正常运营条件的隧道照明；异常工况照明是指隧道内发生事故、交通管制或是养护等工况下保障隧道安全作业、运营的隧道照明；应急工况照明是包括停电等紧急工况下的应急照明和发生火灾时的疏散诱导照明等。因此，一个完整、有效的隧道照明控制方案应实现对正常工况、异常工况和应急工况下照明的控制。

(1) 隧道正常工况下照明控制应满足以下要求：

① 白天根据洞外不同气候条件下亮度、车辆数量及车速适时调整隧道内各照明区段灯具开启或关闭的数量，使隧道路面亮度趋近于亮度适应曲线的要求；

② 夜间根据交通量及车速适时调整隧道内各照明区段灯具开启或关闭的数量，使隧道路面亮度趋近于亮度适应曲线的要求。

(2) 隧道异常工况下照明控制应满足以下要求：

① 隧道进行养护、维修作业地点前后的照明灯具应开启到最大限度；

② 发生交通事故的隧道内，所有照明灯具应开启到最大限度；

③ 发生交通管制的隧道内，所有照明灯具应开启到最大限度；

④ 发生火灾的隧道内，所有照明灯具应开启到最大限度。

(3) 横通道照明控制应满足以下要求：

① 车行横通道照明应实现远程控制和现场手动控制；

② 人行横通道照明宜具备感应控制装置；

③ 横通道灯具应与横通道门实现联动控制。

5.2.5 隧道照明控制方式

隧道照明控制方案的实施，依赖于先进控制技术和控制方式的支撑。隧道照明控制方式能够体现出隧道运营管理的现代化程度。隧道照明系统配置了照明控制柜/配电箱，能实现现场人工控制和自动控制，并且预留了远程控制模块，提供控制照明设施的继电器接点，将照明区域控制单元直接与照明控制柜/配电箱的继电器接点相连，以实现对照明设施的远程控制。隧道照明控制方式有以下几种。

(1) 人工控制方式是指隧道管理人员根据洞外亮度、交通量等参数，人工选择控制方案。具体地说，就是根据洞外亮度$L_{20}(S)$、交通量、平均车速及天气条件等因素的变化，由公路隧道管理人员手动控制照明回路的开/关或无级调控照明亮度，其可细分为远程人工控制方式和本地人工控制方式。本地人工控制方式早期多用于长度较短、运营管理设备较简单的公路隧道。

(2) 自动控制方式是指照明控制系统根据实时采集的洞外亮度、交通量等参数，自动调控照明亮度。目前，隧道照明的自动控制是利用光亮度检测仪、车辆检测器等设备采集的相关照明控制参数，由电子设备直接控制照明回路的开/关或无级调控照明亮度，无须人工参与控制过程，其可细分为远程自动控制方式和本地自动控制方式。在自动控制方式下，隧道照明控制系统根据实时采集的洞外亮度$L_{20}(S)$、交通量、平均车速等照明控制参数，自动调控隧道内照明亮度；隧道管理人员也可根据实际运营管理情况，由自动控制方式切换到人工控制方式，改为手动操作。国外早在 20 世纪 80 年代就已经开始采用这种控制方式，我国目前多数公路隧道也都采用了自动控制为主、人工控制为辅的照明控制方式。公路隧道照明自动控制原理如图 5-4 所示。

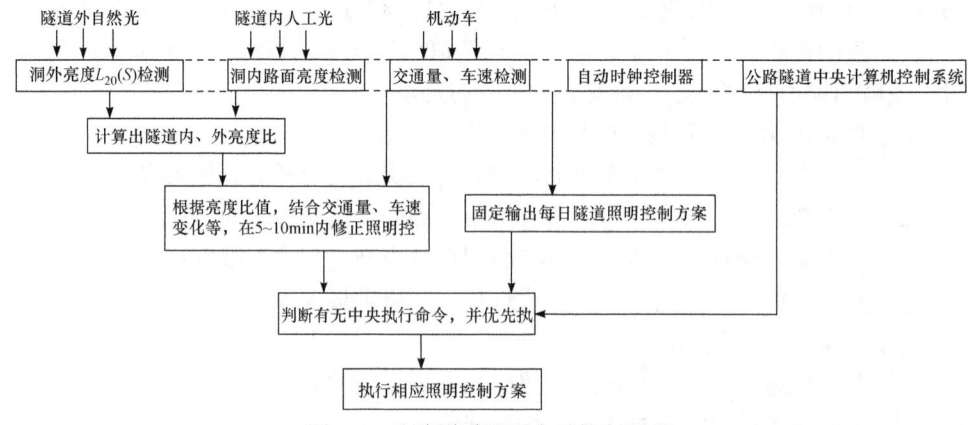

图 5-4　公路隧道照明自动控制原理

对隧道照明的控制是利用接收到的户外连续监测的入口段前照度水平变化的光电池的信号来实现的。但最好是在趋近段放置照度计来监测隧道外照度变化，并按照接收到照度的变化来进行隧道中不同等级的照明控制。

(3) 智能控制方式是在自动控制方式的基础上，采用短时交通流预测理论，应用人工智能、专家系统、模糊控制、神经网络、遗传算法等智能控制技术，按公路隧道照明亮度递减适应曲线进行动态调光控制，以达到安全、舒适、高效、经济的照明效果。该方式重点突出节能控制的特点，体现绿色照明要求，追求"按需照明"的理想设计目标。随着工业自动化水平的提高和照明光源的发展及照明灯具的改善，智能控制方式将会得到更为广泛的应用。

上述照明控制方式中，人工控制方式的优先级最高，自动控制方式优先级低于人工控制方式。照明控制宜采用以智能控制或自动控制为主、人工控制为辅的控制方式。

5.2.6　隧道照明控制系统种类

目前，隧道照明控制系统主要包括以下三种。

(1) 集中式控制系统(centralized control system，CCS)。集中式控制系统是最常见的一种控制方式，即由中央计算机管理整个照明系统，作为系统的集中处理单元。集中式控制系统的优势在于可以充分发挥管理决策的集中性；缺点在于一旦中心计算机出现故障，整个照明系统将全部瘫痪，容易酿成隧道交通事故。由于短隧道控制点数较少，配以全套的控制设施成本较高，故可由中央控制室对照明设施进行控制与管理，以减少投资。

(2) 分布式控制系统(distributed control system，DCS)。分布式控制系统的特点是以分散的控制适应分散的控制对象——隧道照明设施，以集中的监视和操作达到掌握全局的目的，具有较高的稳定性、可靠性和可扩展性。分布式控制系统的优势在于各控制部分相对独立，某部分出现故障并不影响其他部分，系统仍然可以运行。这种控制系统具有分散控制、集中操作、分级管理、配置灵活、组态方便的特点。

(3) 现场总线控制系统(field bus control system，FCS)。现场总线控制系统是分布式控制系统向全数字化发展的结果。现场总线是安装在制造或过程区域的现场装置与控制室内的自动控制装置之间的数字式、串行、多点通信的数据总线。与 DCS 不同的是，这些现场装置输出(或输入)的信号是数字信号而非传统的模拟信号。现场总线控制技术以数字信号取代模拟信号，大量现场检测与控制信息就地采集、处理、使用，许多控制功能从控制室移至现场设备。这样不但使系统集成大为简化、维护变得十分简便，而且使系统的可靠性进一步得到提高。

5.2.7 隧道照明控制方法

公路隧道照明控制方法分为分级调光控制法和动态调光控制法两种。

1. 分级调光控制法

分级调光控制是指通过开启或关闭配电回路进行照明控制。公路隧道照明设计一般是隧道全程设基本照明，加强段(含入口段、过渡段、出口段)另增设加强照明，加强段照明亮度值是基本照明亮度和加强照明亮度叠加的结果。因此，可将隧道照明灯具划分为 2 个群：A 群按中间段亮度要求沿隧道全程布置；B 群作为加强照明灯具分成几个独立回路组，采用不同的排列形式布置，以满足不同照明区段的亮度要求。B 群各组灯具既可穿插在 A 群灯具的间隔中，又可与其平行布置成另一列。A 群一般分为 2~3 组独立回路，B 群独立回路组数与洞外亮度级数(如分为晴天、云天、阴天、重阴天 4 级)相同；分别开启或关闭相应的照明回路，就能实现隧道内不同的亮度等级，这就是分级调光控制的基本原理。显然，分级调光控制需要以照明灯具的合理布置为基础，其控制对象一般是不可连续调光形式的电光源，如高压汞灯、低压钠灯、高压钠灯、金卤灯等。

分级调光控制可细分为人工分级调光控制、实时分级调光控制和时序分级调光控制三种。人工分级调光控制是由隧道管理人员通过照明监控计算机或照明控制柜/配电箱手动完成的。实时分级调光控制是根据洞外亮度 $L_{20}(S)$、交通量、平均车速等照明控制参数，实时调节隧道内照明亮度，从而使其随洞外亮度 $L_{20}(S)$、交通量、平均车速等的变化而变化,以满足驾驶员适应隧道内外亮度差异的需要。时序分级调光控制则是将洞外亮度 $L_{20}(S)$ 按日、周、月、年实测得到的规律数据或不同时段的照明控制方案输入照明监控计算机,以此调控隧道内照明亮度。由于时序分级调光控制不能结合实际气象和道路交通状况的变化,可能会产生过度照明或照明不足等问题,因此理论上时序分级控制是在实时分级控制不能正常实现的情况下转入执行的控制方法。分级调光控制优先级如表 5-9 所示[36]。

表 5-9 分级调光控制优先级

分级调光控制	响应条件	优先级
人工分级调光控制	日常控制,事件响应	最高
实时分级调光控制	根据洞内外亮度、交通量及平均车速等	普通
时序分级调光控制	光亮度检测器掉线或损坏时	最低

2. 动态调光控制法

动态调光控制是指根据照明参数的变化动态连续调节、控制隧道内灯具的使用功率,从而得到不同的照明亮度,实现对隧道照明的平滑调控。其可细分为大范围动态调光控制和小范围动态调光控制两种。动态调光控制的对象是可连续调光形式的电光源,如白炽灯、荧光灯、电磁感应灯、LED 灯等。目前,公路隧道照明大多采用高压钠灯和荧光灯(主要用于洞内紧急停车带和横通道照明),部分公路隧道已开始尝试采用 LED 灯和电磁感应灯照明。

实践表明:①荧光灯动态调光无须间隔开/关灯,从而进一步提高了路面亮度均匀性、夜间洞内行车的舒适感和安全系数;②通过降低荧光灯的激发电压和光通量输出,降低了灯具的使用功率,节约了隧道运营成本,在保证行车安全的前提下,可节能 40%;③避免了开/关灯对灯具电子镇流器反复启动的电流冲击,延长了灯具的使用寿命,减少了隧道照明系统的养护开支。而将传统电感式镇流器更换成具有联网控制功能的电子镇流器,高压钠灯也可实现小范围动态调光控制。

采用 LED 灯的公路隧道动态调光控制是通过控制 LED 灯电源的输出电流来调节其亮度,亮度调节级数可达 256 级,可应用于对亮度调节级数要求较多的隧道照明控制工程。

公路隧道 LED 灯动态调光信号可采用 DC 0~5V 模拟电压信号,其优点是控制线路简单,控制信号传输距离远。为确保 DC 0~5V 的模拟电压信号有足够的传输距离,LED 灯驱动电源设计时采用电压控制电流源形式,控制输入端为高输入阻抗,以确保模拟电压信号的长距离传输。根据测试结果,控制输入端的输入阻抗高达 $10^8\Omega$ 以上,每盏灯在 5 V 控制电压时的控制电流为 5×10^{-8}A,在长距离传输时电缆首尾压降可控制在一个较小的范围内。以一条隧道需同时控制 5000 盏灯为例,若使末端灯具的控制电压降不大于 0.05V(偏差不大于 1%),其同步控制的距离达 17km。这表明采用 DC 0~5V 模拟电压信号控制 LED 灯输出电流,即可实现对长大公路隧道照明动态调光的控制。动态调光控制的实现,依赖于可调光灯具、通信接口等硬件的支持。目前,可调光 LED 灯性能较为稳定可靠,完全可以支持该系统的实现[36]。与传统分级调光控制法由照明亮度分级少而造成"过度照明"的电能浪费相比,动态调光控制法能跟踪拟合照明需求曲线,达到最理想的控制效果和节能的目的,实现所谓的"按需照明",如图 5-5 所示。

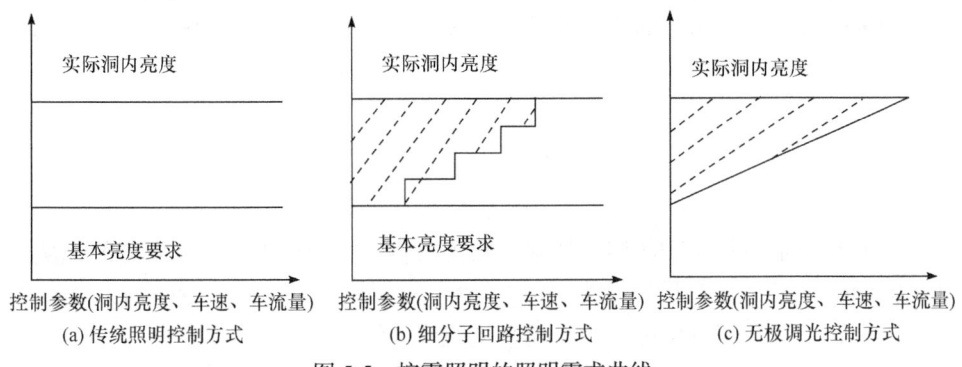

图 5-5　按需照明的照明需求曲线

LED 灯、单端荧光灯、荧光灯等类型灯具宜采用动态调光控制法。不同的照明控制方法和控制方式,照明控制参数也有所不同,目前主要是根据洞外亮度、交通量、平均车速等来控制照明亮度。照明控制还应考虑洞内能见度,即将照明控制与通风控制结合起来,以最大限度地实现照明节能。隧道照明节能控制框架结构如图 5-6 所示。

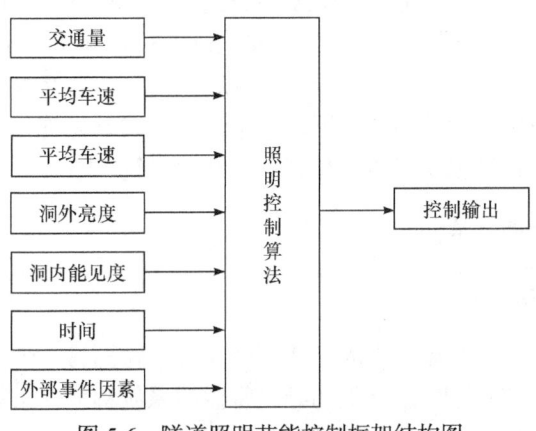

图 5-6　隧道照明节能控制框架结构图

第6章 自然光导入系统节能技术

自然光是大自然赋予人类的宝贵财富，取之不尽，用之不竭。相比其他能源具有环保、安全的特点。因此光导照明技术逐步进入了设计人员的视野，该技术应用于隧道照明，充分将自然光传导到隧道内，取代隧道的能源照明灯具，并能较好地随着天气、季节、时间、经纬度、天空云量等因素改变传导光通量，具有较好的运用和推广价值。

6.1 导光管技术原理

光导照明是一种特殊的照明技术。它可以将日光源或人工光源发出的光从一处传输到另一处，并按照需要进行光的分配[37]。光导照明技术作为一项新的照明技术，有着节能环保等优势，已经越来越受到人们的关注和应用。

在19世纪70年代，俄国的契卡洛夫首先制造出世界上第一个导光管，他在室外安装了大功率弧光灯作为光源，经过集光系统，将产生的平行光通过长管内的镜面反射引到室内，用于导线车间的照明。1881年，William Wheeler 也在美国研制出导光管系统，并申请专利，管子内壁涂有反射能力的涂层，但该涂层反射率低，效果并不明显。

1965年，Gennady Bukhman 设计制造了第一个大尺寸的有缝导光管。在1975年的国际照明委员会的年会上，J. B. Ai jenberg 等介绍了他们研制的有缝导光管，被称为"有光学缝的管道"。同年，Gennady Bukhman 和 Julian Aizenberg 共同申请了有关塑料薄膜镀铝制造的有缝导光管专利。此后，导光管开始在苏联很多易燃易爆场所推广使用。而美国和欧洲各国也纷纷开展导光管相关的研究工作并取得重大进展，进而相继出现棱镜导光管、光纤导光管[38]。

6.1.1 导光管的原理及结构

1. 导光管系统原理

导光管照明系统将光源发出的光从一个地方传输到另一个地方，进行重新分配，以达到一定的照明效果。广义上的导光管照明系统称为 Remote Source Lighting System，现在多按照 CIE 的提法将导光管统称为 Light Guides 。而目前科研工作者所研究的主要是自然光导光管照明系统。其原理是通过采光装置聚集室外的自然光线并导入系统内部，再经过特殊制作的导光装置通过多次反射改变自然光的传播方向，并将光线反射到系统底部的漫射器，由漫射装置把自然光线均匀导入到室内任何需要光线的地方[38]。

2. 导光管系统结构

光导照明系统主要由采光装置、导光管、漫射装置三部分组成，其系统结构如图6-1所示。采光装置、导光管和漫射装置三部分的性能将决定系统的总体性能。

1) 采光装置

采光装置用来收集室外的太阳光，根据不同环境的要求可有不同的外形和结构。采光装置通常包括采光罩和防雨板，这种结构的优点是既照顾了外形美观的需要，又可以根据不同的房顶结构改变防雨板的形状。

采光罩一般由PC材料注塑而成，外表面经过抛光处理，透光率高。采光罩外表面可以覆一层防紫外线的涂层，这样一方面可使进入装置内的紫外线大大减少，另一方面也能延缓

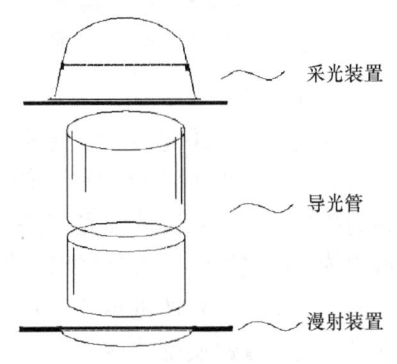

图6-1 光导照明系统结构示意图

采光罩的老化过程，使装置经久耐用。采光罩表面覆有耐摩擦涂层，即使长期处在恶劣的风沙环境中，如风沙较频繁的西北、华北等地区，也不会因长期摩擦而影响其透光性；采光罩的适应温度范围为40～125℃，即使在昼夜温差较大的地区也可以安全使用。采光罩有良好的隔热、隔音性能，采光效率高，不易破碎；燃烧时不释放有毒物质，离火自熄，是一种既安全又环保的产品；可以有多种形状，如半球形、钻石形和方形等。

为了提高采光效率，采光装置的结构还可以进行各种改进。以北京东方风光新能源技术有限公司开发的尚拓(Suntube)系列产品为例，该产品在采光装置中增设了一个增光装置(图6-2)，这个装置可以有效地提高系统利用早晚太阳光的能力。增光装置的悬挑安装对采光器采集其背面的自然光基本无影响。此外，我们还在研究能够提高光导系统工作效率的主动寻光系统(图6-3)。该系统能够通过控制盒旋转悬臂，使悬臂上的反射镜始终迎向太阳的方向，从而通过镜片的反射提高导光管内的光通量。其核心是一个定位系统，该定位系统能够感应太阳的位置，并对镜片进行精确控制。

图 6-2 光导照明系统的增光装置

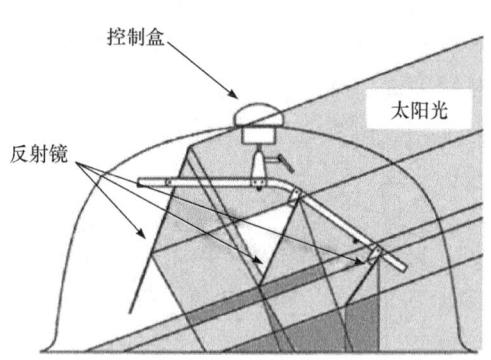
图 6-3 光导照明系统主动寻光系统示意图

2) 导光管

导光管是把采光装置收集的太阳光导入室内的管道，一般为铝制结构，质量较轻。导光管可以按形状分为直导光管和弯管两种，弯管可以有不同的弯曲角度，如尚拓光导照明系统的导光管(图 6-4)，弯曲角度变化范围为 0°～90°。为了使管道内传播的光线经多次反射后的损失降到最小，导光管的内壁镀有一层高反射率的薄膜。随着科技的进步，导光管材料制作工艺不断提高，材料的反射率也不断提高，现在普遍使用的导光管内壁材料的反射率都在 98%以上。由于光在导光管内传输时要经过多次反射，导光管的反射率越高，其光强剩余量也就越大，所以选用高反射率的材料制成的导光管，其传输效率也比较高。

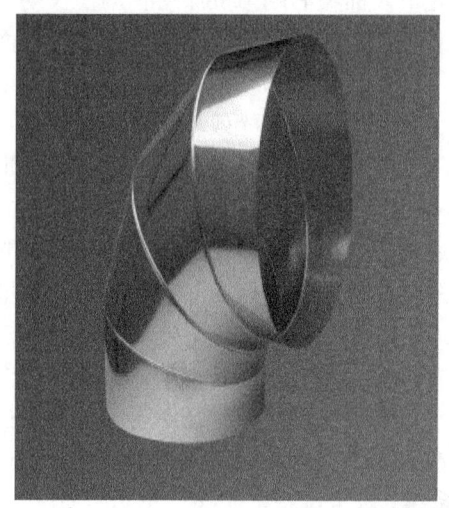

图 6-4 光导照明系统的导光管

3) 漫射装置

光导管漫射装置是由 PC 材料或 PMMA 材料加工而成，具有良好的透光性、漫射性和非常好的隔热、隔音效果，不易着火且离火自熄。从导光管传至室内的光线不是完全均匀，因此，要使室内的光线均匀分散，就要借助于漫射装置的光散射特性(图 6-5)。透镜具有汇聚或发散光的特性，把透镜做得很薄，就能够用于漫射器的制备。如菲涅耳透镜，即可被用于漫射装置的制备。它具有改变光传播方向的作用，而且本身可以做得非常薄，无论是在透光性还是在散射光特性方面都有很好的性能。此外，晶体颗粒及棱镜等也都可以起到发散光的效果。

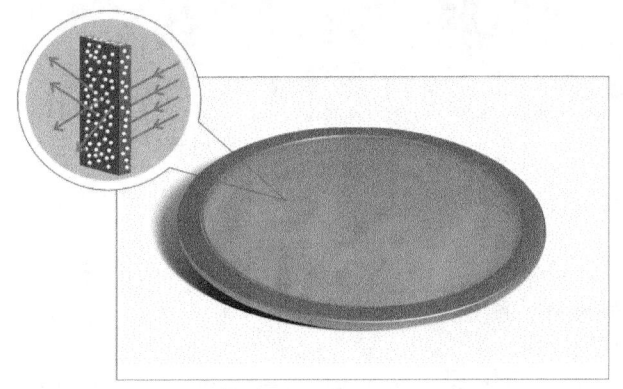

图 6-5　漫射装置光散射特性示意图

漫射装置外形美观，规格多样，可制成各种类型，如磨砂型、颗粒型、钻石型、圆型、方型等。

4) 其他附属装置

一个完整的光导照明系统还包括其他附属装置，如防雨板、调光阀、电控装置等，其作用是使导光系统的功能更完善，外表更美观。图 6-6 展示了光导照明系统的一些附属装置[39]。

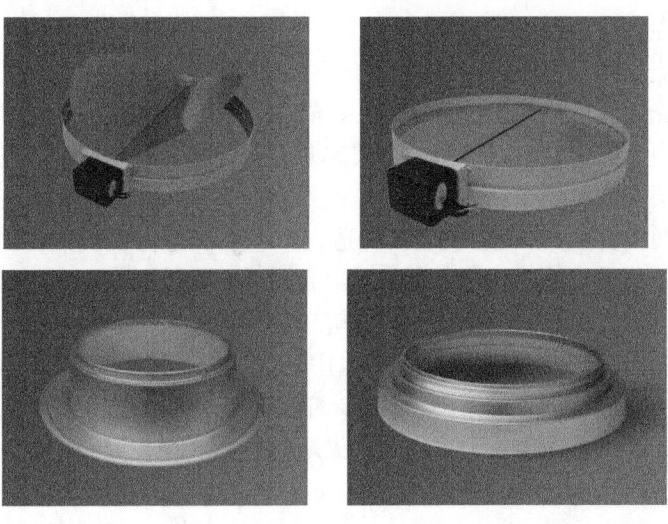

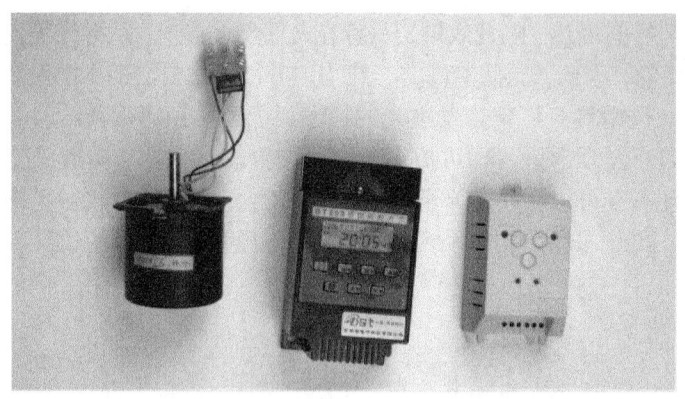

图 6-6　光导照明系统的附属装置

6.1.2　光导照明系统的类型

随着新技术、新材料的不断发展，照明光导系统的传输效率不断提高，出现了很多不同类型的照明系统。

(1) 根据光源分为：

① 人工光光导照明系统，即光源为人工光源。通常采用大功率和发光效率高的人工光源，如高压钠灯和陶瓷金卤灯等。

② 天然光光导照明系统，即光源为天然光。根据集光器的工作原理可分为主动式和被动式两种。前者可以更充分地利用太阳直射光提高采光效率，但需要增加太阳跟踪系统。

(2) 根据导光方式分为：

① 透镜光导照明系统，即采用反射镜和透镜把光变成平行光后在导光管或空气中传输。该系统增加了透镜和反射镜装置，所以具有造价高和光损失大两个方面的缺陷，在实际工程中较少使用。

② 反射光导照明系统，即利用导光管内表面的多次光反射进行光的传输。该系统的总传光效率与内表面反射率、入射光的光束角、导光管尺寸及形状等相关。根据导光管内表面的材料，可分为金属和非金属两类。其中非金属管壁材料可以通过表面多层覆膜得到很高的反射率，但目前由于这种多层覆膜结构造价昂贵，非金属管壁尚未普及。根据导光管的构造，又分为无缝导光管和有缝导光管两种。后者是在封闭的导光管上开出一条长的出光缝，使光线照射到所需的区域。这种导光管在一定照度和均匀度条件下，能够节约电能，减少安装和维护费用。

③ 棱镜空心导光管照明系统，即采用棱镜导光管全反射原理进行光的传输，其构造如图 6-7 所示。理论上讲，只要入射光线满足一定的条件，光线从导光管的一端射入，经过多次全反射可以无损失地到达另一端，但实际上，由于材料表

面不可能绝对光滑，棱镜内存在气泡和杂质等方面的缺陷，这就使得棱镜空心导光管不但能以较高效率传输光线，其本身也是一个亮度均匀的发光体，能将光线均匀地分布传播路径上。

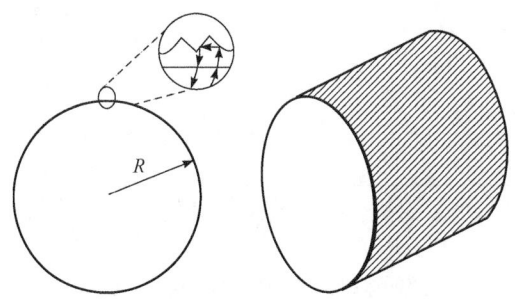

图 6-7 棱镜空心导光管构造示意图

④ 光导纤维照明系统，即利用光在介质分界面上能发生全反射的原理进行光的传输。光导纤维的传光效率与光纤材料的光学性能有密切关系。根据光纤的材料成分来分主要有石英光纤、多组分玻璃光纤、聚合物光纤三大类。三种光纤各有其优点和特性，其中石英光纤的光学性能最好，光损耗小，但造价高；聚合物光纤具有较好的光学性能，低成本，且具有不断提升的技术潜力，在实际照明工程中得到广泛的应用。

(3) 根据光输出装置的发光方式分为：

① 端部发光照明系统，即与传统的照明装置类似，把光传输到一定位置后从光传输装置的端部散射出来，如无缝导光管、端面发光光纤、透镜光导照明系统等。

② 侧面发光照明系统，即光在传输的过程中不断从光传输装置的侧面散射出来。如有缝导光管、棱镜导光管、侧面发光光纤照明系统等[37]。

6.1.3 光导照明的优势

导光管最大的优点是节能。一方面，由于完全采用自然采光无须消耗人工能源，导光管可以节省建筑用电约 20%～30%；另一方面，相比其他方式的人工采光，导光管系统所引入的热负荷比较小。长期以来，人们一直对自然光存在一种误解，认为自然光进入室内所带来的热量要多于人工光源的发热量。实际上如果提供相同的照度，自然光的发热量要比大多数人工光源少得多，这是因为人工光源在利用电能发光的同时将大部分电能转化为了热能。也就是说人工光源实际的发光效率是很低的，利用导光管采光代替人工照明，可以有效降低建筑能耗。图 6-8 是直径为 330mm 的自然光光导照明系统在夏季某一阴天下，输出的照明效果与白炽灯照明的对比曲线。

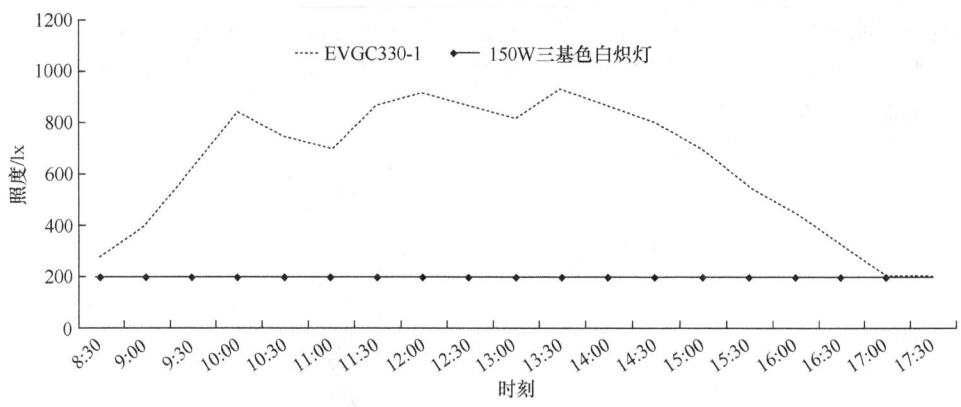

图 6-8 光导照明系统的照明效果与白炽灯照明的对比曲线

由图 6-8 可知：从黎明到黄昏，甚至是雨天或阴天，自然光光导照明系统导入室内的光线仍然十分充足，可以提供 8h 以上的白天室内照明，在节省电能的同时减少电力照明给室内带来的热负荷,降低室内空调系统的能耗。并且在这 8h 中，导光管提供的室内照度均比白炽灯的大，能更好地满足照明要求[38]。

其次，导光管技术有助于促进人体健康。导光管系统可以为室内引入天然的光源，并避免眩光，因而可以营造一个和谐舒适的娱乐、办公、居住环境[38]。科学研究证明，长期缺乏光导(日光)照明会造成人体生物钟的紊乱，轻微的生物钟紊乱会导致"时差综合征"，更严重的紊乱将导致短期或长期的健康问题。自然光线照明具有更好的视觉效果和心理作用，并且可以清除室内霉气，抑制微生物生长，促进体内营养物质的合成和吸收，改善居住环境等。光导照明使人们沐浴在阳光下，能以健康愉快的心情去工作，这会大大提高人们的工作效率[40]。

此外，从长远来看，导光管系统投入少、效益高。导光管系统从安装使用开始便属于一次性投资，不需要维护，使用寿命长，正常情况下可使用 10 年以上，利用效率较高，可以有效弥补人工照明的不足。在现如今大力倡导绿色照明的环境下，开发利用光导管照明不失为一种经济可靠的照明方式。

6.2　隧道导光管设计方法

目前，城市隧道照明中导光管采光系统配置流程是：首先，根据城市隧道照明计算的照度指标，进行照明灯具功率计算和数量配置，确定城市隧道内加强照明和基本照明灯具的布置间距、单个灯具功率；其次，结合配置灯具参数，对应选择可替换灯具的导光管型号。

结合城市隧道结构尺寸、隧道内照明指标和导光管采光系统的设备性能特性，提出导光管采光系统在隧道照明设计相互关系，采用导光管采光系统的照度计算公式如下：

$$E_{av} = \frac{n \cdot E_s \cdot A_t \cdot \eta \cdot CU \cdot MF}{WD} \quad (6-1)$$

式中，E_{av} 为隧道路面平均照度(lx)；n 为导光管设计数量；W 为隧道限界净宽(m)；A_t 为导光管有效采光面积(m^2)；η 为导光管采用系统效率；E_s 为室外天然光设计照度(lx)；D 为隧道内照明段落长度(m)；CU 为导光管采光利用系数；MF 为导光管维护系数。

根据城市隧道导光管采光系统照度计算公式，可推演出城市隧道加强段照明和基本段照明的导光管配置数量计算公式，具体如下：

$$n_{th} = \frac{E_{th} \cdot W \cdot D_{th}}{E_s \cdot A_t \cdot \eta \cdot CU \cdot MF} \quad (6-2)$$

$$n_{tr} = \frac{E_{tr} \cdot W \cdot D_{tr}}{E_s \cdot A_t \cdot \eta \cdot CU \cdot MF} \quad (6-3)$$

$$n_{ex} = \frac{E_{ex} \cdot W \cdot D_{ex}}{E_s \cdot A_t \cdot \eta \cdot CU \cdot MF} \quad (6-4)$$

$$n_{in} = \frac{E_{in} \cdot W \cdot D_{in}}{E_s \cdot A_t \cdot \eta \cdot CU \cdot MF} \quad (6-5)$$

式中，n_{th} 为入口段导光管设计数量；n_{tr} 为过渡段导光管设计数量；n_{ex} 为出口段导光管设计数量；n_{in} 为中间段导光管设计数量；D_{th} 为入口段长度(m)；D_{tr} 为过渡段长度(m)；D_{ex} 为出口段长度(m)；D_{in} 为中间段长度(m)；E_{th} 为隧道入口段路面平均照度(lx)；E_{tr} 为隧道过渡段路面平均照度(lx)；E_{ex} 为隧道出口段路面平均照度(lx)；E_{in} 为隧道中间段路面平均照度(lx)。

最终确定隧道内每个区段照明配置的导光管数量，并根据导光管的利用系数曲线图、路面亮度总均匀度和路面中线亮度纵向均匀度校核隧道内灯具布置间距。

6.3 工程应用案例

光导照明技术应用于隧道或地下室走廊在国外已有应用案例。这种光导照明系统基本上都是垂直安装，垂直方向的导光管可穿过结构复杂的地面，把天然光引入地下。为了输送较大的光通量，这种导光管直径一般都比较大。管体采用传输效率极高的光导材料制作，可将天然光高效地传输到地下空间。

德国柏林波茨坦广场地下隧道使用的导光管，直径约为500mm，顶部装有可随日光方向自动调整角度的反光镜，管体采用传输效率较高的棱镜薄膜制作，将天然光高效地传输到地下空间。在没有人为破坏状况下，光导照明系统可使用 20 年以上。虽然在使用光导照明系统时，安装成本可能比传统照明系统要高，但如果考虑运行费用和电力成本，其总投资比传统照明系统要少很多，而且安全性也会大大增强。

光导照明系统应用于城市下沉隧道，可有效解决隧道利用顶部开孔透光带来的一系列不利因素，如行人安全问题、雨水突降、杂物掉落、行车频闪等，给隧道和市政养护人员带来极大便利。光导照明系统的应用也提高了地面的绿化景观效果，地面绿化种植不受隧道顶部开孔影响。

但实际上到目前为止国内在隧道工程领域尚未广泛推广使用，其最主要原因在于导光管的体积很大、安装工艺复杂，成本较高，防水处理难度大等。而且采光装置不能精确地对准太阳，造成了采集效率不高，传输距离受限。此外光导传导需要精确的追光系统和较高的机械转动精度，这些也都是现有研究未能取得应用的关键问题，所有这些原因都使得导光管的推广受到限制。总之，在现有的自然光传输的研究和应用中，均存在传导衰减较大，导光管需要近似直线来传播，最多有三次的折弯，如果距离超过20m则无法实现有效的照明效果。因此，城市隧道的出、入口段可以应用光导管照明。因为城市隧道的浅埋隧道就可以直接在隧道顶上进行设备的安装使用，照明效果较为理想。

6.3.1 凤岭南隧道

南宁市凤岭南隧道位于南宁市青秀山坡南，西侧始于会展路 K1+224，东侧终于青秀路 K2+296，隧道单洞长 1076m。该隧道是我国第一座采用光导照明系统的公路隧道，是探寻对天然光的利用，提出一种针对隧道照明的节能解决方案。

白天利用光导照明，保证隧道入口段、过渡段、中间段、出口段，与外界天然光的平稳过渡；夜间采用 LED 照明，利用智能照明控制系统的照度感应器，自动开启 LED 照明。隧道光导照明实景如图 6-9 所示。

图 6-9　光导照明系统实景图

1. 光导照明设置

凤岭南隧道内共设置 235 套光导照明装置，光导照明装置距地面 6m。在隧道的入口段，平行安装 3 套光导照明装置；在隧道的出口段、过渡段平行安装 2 套光导照明装置；在隧道的中间段，安装 1 套光导照明装置。实现隧道入口段、过渡段、中间段、出口段，与外界天然光的平稳过渡，形成整个隧道的光线渐变过程，避免因为光线骤变导致驾驶者视觉的不适应。

需要注意的是，在进行隧道外地面景观绿化设计时，应结合光导孔在隧道上部纵向布置的位置，在光导孔附近，应以草地和低矮植物为主，避免光线被植被遮挡。夜间隧道内的灯光通过光导照明装置逆向反射，在隧道外部形成夜间灯光景观，成为新的景观亮点。

2. LED 照明设置

在隧道两侧对称布置 LED 灯。入口段每隔 5m 设置 2 套 125W LED 灯；过渡段每隔 5m 设置 2 套 100W LED 灯；出口段每隔 5m 设置 2 套 100W LED 灯；中间段每隔 5m 设置 1 套 150W LED 灯。LED 灯距地面 5.5m。隧道底部每隔 5m 设置 1 套 28W LED 灯，实现隧道墙面聚光照射效果。为使 LED 灯开启时，与光导照明平稳结合，选择了高色温(5000～7000 K)LED 灯。

3. 经济分析

凤岭南隧道光导照明系统，投资约 360 万元，使用年限 25 年。南宁 5 月～10 月的电费为 0.7622 元/(kW·h)，11 月～次年 4 月的电费为 0.9674 元/(kW·h)，年平均电费为 0.8648 元/(kW·h)。采用主流芯片的 LED 灯价格约为 35 元/W。忽略利息和折旧费的影响，光导照明装置的投资回收年限估算为 6 年左右[41]。

1) 节省电费

隧道主照明用的 LED 灯总功率为 144.25kW。隧道照明白天(晴天)采用光导照明 10h，不开启 LED 灯；黎明、黄昏只开启 1/2 LED 灯，每天开 2h；雨天、阴天只开启 1/2 LED 灯。按不利条件计算，每周晴天占 4 天，阴天占 2 天，雨天占 1 天，按每年 365 天计算，每年可节省电量 46.63 万 kW·h，节省费用 40.32 万元。在使用寿命期 25 年内，可节省电量 1165.75 万 kW·h，节省费用 1008 万元。

2) 减少设备更换和维护费用

光导照明系统按每天 10h，每年 365 天计算，使用寿命为 25 年，隧道 LED 灯的使用寿命约为 36500h，在光导照明的寿命期 25 年内 LED 灯需更换 1.5 次，即可节省更换 LED 灯的费用 757.31 万元。隧道 LED 灯维护费用每年可节省约 20 万元，25 年可节省维护费用 500 万元。隧道 25 年合计节省费用 2265.31 万元。

3) 节能减排

凤岭南隧道采用光导照明系统 1 年可以节电 46.63 万 kW·h。

6.3.2 长江路隧道

长江路越江隧道东起港城路双江路，西接长江路郝家港桥以东，其中隧道主线长约 2.8km，设双向 6 车道，在浦西设置一对进出口匝道连接军工路。长江路隧道在浦西匝道进出口 97m 范围内采用光导照明系统，即加强段照明采用导光管，即长江路隧道浦西匝道进出口采用 LED 灯具和导光管组合照明，如图 6-10 所示。据调研，该隧道入口段共使用了 78 套光导照明系统，照明效果良好。

图 6-10 长江路隧道光导照明系统

经调研，上海长江西路隧道于 2011 年针对东方风景和索乐图这 2 个品牌的导光管产品做了 3 个光导照明的实验光测试，实验测试条件如表 6-1 所示。上海长江西路隧道实验测试照度数据如表 6-2 所示。

表 6-1　上海长江西路隧道实验测试条件

导光管品牌	日期	天气	风	温度/℃
东方风景	2011-2-26	小雨	东南风 3~4 级	16
索乐图	2011-3-12	多云	南风 4~5 级	17
索乐图	2011-3-14	小雨	北风 4~5 级	14

表 6-2　上海长江西路隧道实验测试照度

时间		东方风景	索乐图	索乐图
10：00	外界照度/lx	40000	15000	7300
12：00		9000	61000	20000
17：00		11000	2000	1200
10：00	导光管照度/lx	61.37	74.25	59.17
12：00		31.25	268.57	74.48
17：00		17.20	4.86	6.18

根据以上表格可知，这 3 种导光管都可以满足每天至少为隧道提供 10h 的自然光照明。尽管 17：00 的测试照度略低，但考虑到天气和季节为初春 3 月，17：00 的城市隧道洞外光环境已经没有那么高，不需要过高的亮度。导光管的照度可以隧道洞外的照度的大小而改变，大大减弱了人眼的明暗适应程度。

该隧道的光导管可减少照明灯具约 96 套，降低隧道的加强照明功率约 24kW，节约照明能耗达 40%以上，预计一年可节电约 12.6 万 kW·h，按电费为 0.85 元/(kW·h)计算，一年节约电费 10.7 万元。

第7章　蓄能发光材料节能技术

光是一种人类眼睛可以见的电磁波，其波长在 400~700nm，任何光源体中都有一些肉眼看不见的 400nm 以下的光波，蓄能发光多功能涂料中的长余辉光致性材料可将光源中 200~400nm 的短波激发成可见光，从而可以增光节能，并把多余的光能储存起来，在停止光照射后，再缓慢地以荧光的方式释放出来，保证在夜间或者黑暗处，持续 10h 以上延时发光，同时，蓄能发光多功能涂料具有不易燃、耐沾污、耐水洗等特点，在隧道内应用具有一定优势。

使用蓄能发光多功能涂料在隧道辅助照明的目的是使隧道拱墙自身具有一定的亮度，在降低照明功率的情况下，拱墙亮度不减，拱墙轮廓清晰可见，不影响司机的视觉，从而达到节能降耗的目的。

7.1　隧道侧壁反光蓄光应用概况

大量的隧道建设在给人们交通出行带来便捷的同时，运营阶段也暴露出不少管理问题。首先，由于照明设计规范中的设计照明参数值较大，耗电现象较多，我国隧道照明耗电负荷较大，故很多隧道运营时往往只使用设计照明负荷的 1/2、1/3，很多低等级公路隧道干脆不开照明灯，这样给隧道运营带来安全隐患。其次，隧道的安全照明应该考虑和解决在黑暗状态或烟雾状态下的逃生照明问题。目前的公路隧道照明设计规范针对前者的设计参数已做出部分规定，但实践证明尚不完善，仍须进一步地修正调整。

随着照明理论和技术的不断发展，照明灯具不断更新，越来越多的节能灯具、材料被应用到隧道照明设计中，其中，蓄能发光材料作为辅助隧道照明的一种材料，其对照明节能的贡献也日益突出。

隧道侧壁采用蓄光涂料进行辅助照明，一方面，隧道侧壁本身由于涂料的发光作用，使隧道侧壁具有一定的亮度；另一方面，采用高反射率反光蓄光涂料还能起到反射增光的作用。

此外，若采用蓄能自发光材料，在隧道光源的照射之下，该材料能把某些不可见光存储起来，在停止光照射情况下，再缓慢地以荧光的形式释放出来，此时在夜晚或者黑暗处仍能看到光。持续时间长达几小时到十几小时，从而保证在意外情况的安全逃生[42]。

7.2 隧道反光、蓄光材料

随着我国公路隧道建设数量和规模的快速增加，隧道内饰材料的研究取得一定成果，但相比国外先进成熟的经验，国内隧道装饰材料尚处于摸索阶段。以"借鉴吸收再创新"为指导原则，以隧道安全驾驶、环境舒适为设计理念，研究开发了一种具有自主产权的隧道建设的新型材料，改善隧道驾驶环境，提高隧道运行安全。

1. 诱导反光材料类型

诱导反光材料主要有反光膜、反光突起路标、反光轮廓标识等。反光膜又分工程级反光膜、透镜密封式反光膜和微棱镜反光膜，主要用于制作指路标志、禁止标志、警告标志和指示标志，以及普通广告使用的标志。反光道路标线材料指在标线材料里预混逆反射材料后在标线施工的时候于表面撒播逆反射材料，根据在不同气候条件下的使用性能，可分为干性反光标线和全天候反光标线。反光突起路标是安装、固定在道路上并突出于路面、起标线的突起标记块，又称为"反光道钉"。它的作用是在城市公路或者其他道路上用来标记中心线、车道分界线、边缘线；也可以用来标记弯道、进出口匝道、导流标线、道路变窄、路面障碍物等危险路段。具有反光特性的突起路标在安全导向中具有重要意义。轮廓标主要用于高速公路、一级公路的主线，以及互通立交、服务区、停车场的进出匝道或连接道上，在这些道路交通设施的外轮廓连续设置具有反光性能的轮廓标，最主要是为了给道路使用者指示道路的方向和车行道边界，并确保夜间行车安全。

2. 蓄能型自发光材料类型

蓄光型自发光材料是一类吸收了激发光能并储存起来，光激发停止后，再把储存的能量以光的形式慢慢释放出来，并可持续几个甚至十几个小时的发光材料。其中，发光涂料是将发光材料、有机树脂或乳液、有机溶剂或水、无机颜料、填料、助剂等按一定的比例通过特殊的加工工艺制成的，并广泛应用于消防安全、公路交通领域。尽管蓄能自发光材料在其他领域也有应用，但是目前在我国还没有隧道节能照明材料的相关技术规范。专用于与隧道节能的材料研究开发也相对滞后[43]。

图 7-1(a)为设置了蓄能性材料的隧道关灯后的状况，图 7-1(b)为自然光夜间，明显左图的视觉效果好于右图。这种特殊材料的主要功能性还体现在能提高显色性和照明均匀度，但不能替代应急照明。

(a)   (b)

图 7-1 夜晚两种隧道的光环境

7.3 蓄能发光多功能涂料特性

蓄能发光多功能涂料发光增光原理是光源体中的不可见光通过激发光致发光材料而转变成可见光。光致发光材料在接收光的照射后把光能储存起来，在停止光照射后，再缓慢地以荧光的方式释放出来，所以在夜间或者黑暗处，仍能看到发光，持续时间长达几小时至十几小时，在隧道内照明熄灭后仍能提供安全逃生的照明。

7.3.1 增光性试验

蓄能发光多功能涂料的有效激发光谱在 200～450nm，为了证明蓄能发光多功能涂料的增光性，开展了室内蓄能发光多功能涂料的增光性试验。首先，按照两车道隧道的设计尺寸，按 1∶5 比例，施作室内模型，长度 15m，如图 7-2 所示。室内模型试验采用自然光源、LED 光源、高压钠灯光源、节能灯光源提供照明后的亮度增光效果如图 7-3～图 7-7 所示。

图 7-2 室内试验模型

从模型试验的效果来看，蓄能发光多功能涂料的增光效果非常明显：自然光增光率从模型洞口往洞内衰减，距洞口 3m 处增光率 56.5%，距洞口 7.5m 处增光率 25%；荧光节能灯的照射发光增光率 80%；LED 灯的照射发光增光率 72%；高压钠灯的照射发光增光率 56%。

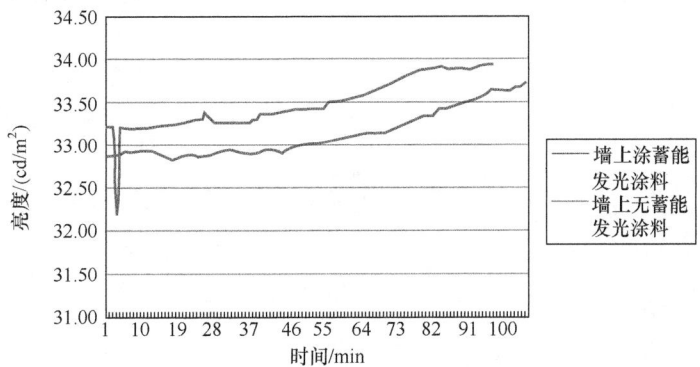

图 7-3 自然光照射下距洞口 7.5m 处蓄能发光多功能涂料的增光效果

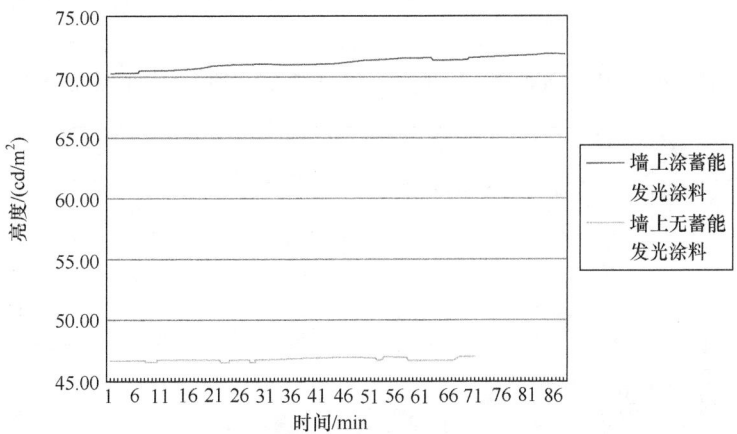

图 7-4 自然光照射下距洞口 3m 处蓄能发光多功能涂料的增光效果

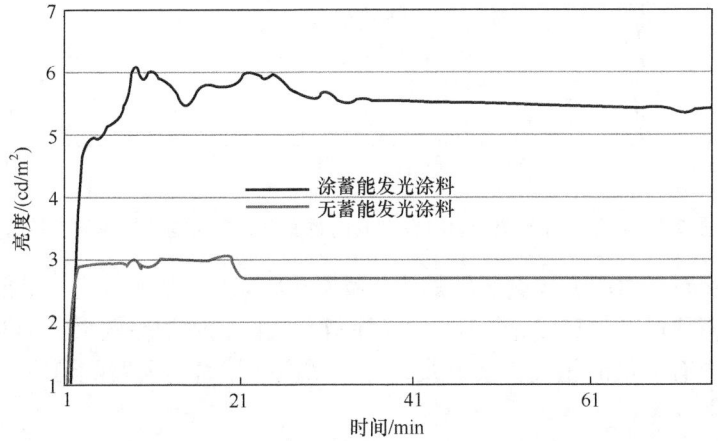

图 7-5 节能灯光源照射下模型洞内蓄能发光多功能涂料的增光效果

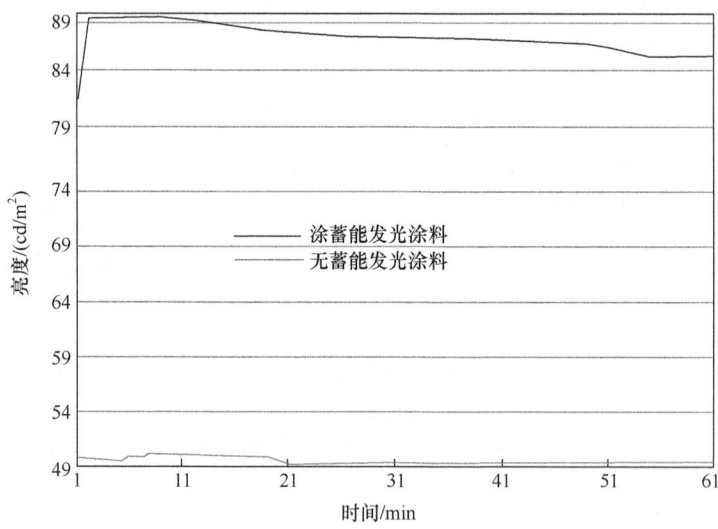

图 7-6　LED 灯光源照射下模型洞内蓄能发光多功能涂料的增光效果

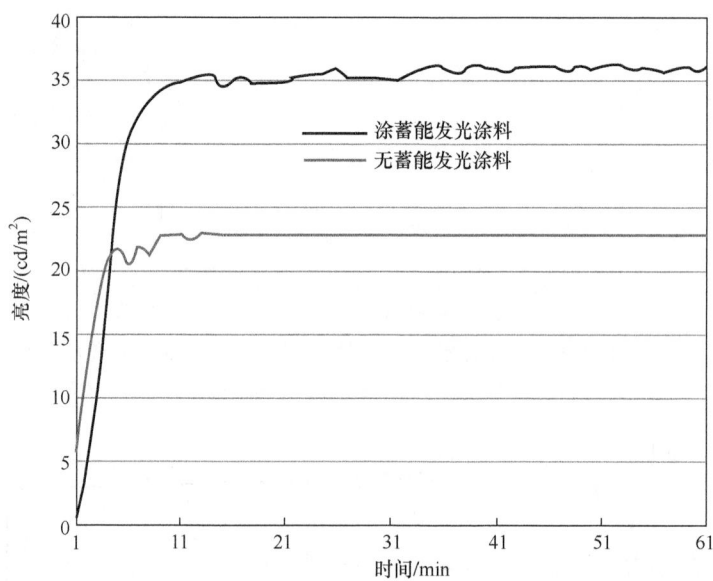

图 7-7　高压钠灯光源照射下模型洞内蓄能发光多功能涂料的增光效果

发光涂料与照明光源高压钠灯、金属卤化物灯、无极荧光灯、节能灯、LED 灯组合照明均可增加亮度；同时，发光涂料对太阳光的增亮效果更为明显，因为在太阳光内有大量的短波长紫外线，这种增亮效果符合公路隧道进出口的照明特点[44]。

7.3.2 延时性试验

利用室内试验模型,开展室内各种光源照射下蓄能发光多功能涂料的延时发光试验,各种光源照射时长为 30min,试验测得蓄能发光多功能涂料延时发光数据如表 7-1 所示。

表 7-1 不同光源照射后模型隧道内蓄能发光多功能涂料延时余辉亮度指标

时间/min	自然光/(cd/m^2)	LED 灯/(cd/m^2)	高压钠灯/(cd/m^2)	日光灯/(cd/m^2)	节能灯/(cd/m^2)	无极灯/(cd/m^2)	金属卤化物灯/(cd/m^2)
0	4.86	0.998	0.66	0.23	0.101	1.215	0.87
10	0.51	0.101	0.18	0.052	0.015	0.106	0.14
30	0.062	0.035	0.01	0.024	0.007	0.038	0.036
60	0.026	0.016	0.008	0.014	0.004	0.004	0.014
90	0.019	0.009	0.006	0.013	0.004	0.001	0.008
120	0.013	0.007	0.005	0.010	0.003	0.0009	0.005
150	0.009	0.0033	0.002	0.009	0.001	0.0008	0.0021
180	0.008	0.0027	0.0009	0.007	0.0009	0.0007	0.0015
240	0.0042	0.0023	0.0008	0.004	0.0008	0.0006	0.0008
300	0.0031	0.0011	0.0007	0.0033	0.0007	0.0006	0.0007
360	0.0025	0.0008	0.0007	0.0027	0.0006	0.0006	0.0006
450	0.003	0.0007	0.0006	0.0023	0.0006	0.0004	0.0004
720	0.002	0.0006	0.0006	0.0011	0.0005	0.0002	0.0002

从表 7-1 可知,在相同时间段内,自然光和日光灯照射下的蓄能发光多功能涂料延时发光时长较长,且余辉亮度较大。

7.3.3 穿透性试验

通过查阅文献资料,建筑物及地下工程在发生火灾时,真正被火烧死的人员约占火灾死亡总人数的 1/4,被烟雾熏死的人员占死亡总人数的 3/4;各种试验数据及文献资料统计,火灾烟雾浓度视距小于 3m 时,严重影响人逃生或被困在火灾现场。因此,火灾中延长眼睛在烟雾中的视觉能力尤为重要。

烟雾浓度与可视距离对比试验如图 7-8 和图 7-9 所示。

蓄能发光多功能涂料具有增光发亮、延时发光、耐洗刷、耐污染、阻燃、使用寿命长的特点。通过试验得知,蓄能发光多功能涂料在光源中具有增光增亮的作用，同时，其光波在光源中或光源紧急熄灭后都有穿透烟雾能力的特殊作用，其在隧道中使用可节能增光，同时，当发生火灾时，具有应急逃生照明的特殊作用。

(a) 蓄能发光多功能涂料灯下透烟效果

(b) 普通涂料灯下透烟效果

(c) 熄灯后蓄能发光多功能涂料透烟效果

图 7-8　蓄能发光多功能涂料烟雾穿透力视觉试验

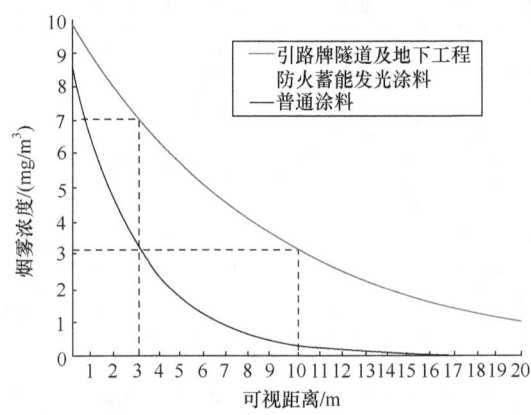

图 7-9　蓄能发光多功能涂料与普通涂料的烟雾浓度与可视距对比图

任何光源体中都有一些肉眼看不见的 400 nm 以下的光波，蓄能发光多功能涂料中的长余辉光致性材料可将光源中 200~400nm 的短波激发成 400~700nm 可见光，从而可以增光节能[45]，并把多余的光能储存起来，在停止光照射后，再缓慢地以荧光的方式释放出来，保证在夜间或者黑暗处，持续 12h 以上的延时发光。

蓄能发光多功能涂料在不同光源照射下具有非常明显的增光效果，根据光源的不同可提高照明照度 20%~100%，典型试验表明，无阳光时的自然光增光率 56.5%，荧光节能灯的照射发光增光率 80%；LED 灯的照射发光增光率 72%；高压钠灯的照射发光增光率 56%。

7.4 城市隧道辅助照明应用的节能分析

隧道照明目的是把前方路面上必要的视觉信息传递给驾驶员，防止因对路况判断错误而出现交通事故，同时解决"白洞效应""黑洞效应""墙效应"等隧道不良视觉特性对人的影响，从而达到安全行车的目的。

7.4.1 反射光计算原理

由于隧道是一个半封闭的空间，隧道内壁装饰材料对光线的反射作用对照明质量有重要影响，灯具发出的光通量经过内壁之间的多次反射后会提高路面亮度，因此对反射光的合理利用将有助于实现照明的节能降耗。由于人眼的视界随着速度的增加越来越窄，类似于从管道看事物，近处和两侧的事物不容易看清，对远处一定距离的事物识别率较高，这种现象属于"运动效应"；对于隧道照明而言，昏暗的侧壁不利于驾驶员分辨隧道轮廓，以此产生的"墙效应"将给驾驶员带来心理上的压抑感，从而影响隧道行车安全。隧道两侧侧壁采用高反射率、漫反射特性的内装材料能有效提高墙面亮度，并为驾驶员提供积极的视觉引导作用。

反射系数是评价材料反射特性的主要指标，利用双向反射分布函数(bidirectional reflectance distribution function，BRDF)表示光线在不同入射方向和观察方向上的反射系数。对于漫反射的内装材料，双向反射分布函数定向和定量地描述了内装材料在不同方向入射光和观察方向上的反射特性，可用式(7-1)表达如下：

$$(\theta_i, \phi_i, \theta_r, \phi_r) = (\theta_r, \phi_r)/\mathrm{d}E_i(\theta_i, \phi_i) \tag{7-1}$$

式中，各变量的几何示意图如图7-10所示。

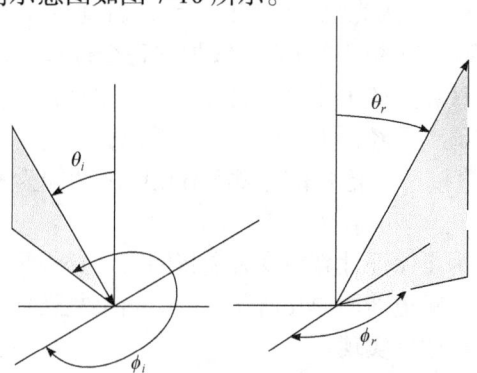

图7-10 双向反射分布函数计算示意图

利用双向反射分布函数，即可计算考虑到隧道内壁反射光影响的路面亮度，并建立任意方向反射光亮度的表达式。以$f(r)$表示一定角度入射和反射的双向反射分布函数，以 E_0 表示计算区域上方或中心点处计算得到的照度，那么指定反射方向上观察到的反射亮度可用式(7-2)表示如下：

$$L_0 = f(r) \cdot E_0 \tag{7-2}$$

对隧道内壁反射光进行计算时，利用有限元思想，可建立网格将隧道内壁表面微分为若干计算单元，每个单元都将接受来自灯具的入射光线并将其反射到路面的计算点上。对于矩形断面衬砌，可沿横向和纵向将垂直的边墙划分成若干计算单元；对于曲墙式或圆形断面衬砌，可近似地以一定坡角将内壁划分为若干计算平面。灯具对每个计算单元区域都将产生一定的直接亮度，这个区域的亮度与灯具发出的光通量、配光曲线、灯具与计算区域的相对位置有关，这部分反射亮度可称为直接反射亮度；同时，计算区域还将受到墙面或顶棚反射作用的影响，而这一部分反射亮度可称为间接反射亮度。因此，路面上某一点的亮度，既包括了受到灯具直接照射而产生的直射亮度，还包括内壁的直接反射亮度和多次反射之后形成的间接反射亮度。

计算考虑到反射光影响的路面亮度时，可按以下步骤进行：

(1) 根据余弦定理，计算灯具直接照射在路面计算点上产生的照度和亮度；

(2) 重复计算每个灯具对路面计算点产生的照度和亮度，叠加后可计算隧道内所有光源对计算点产生的直射亮度；

(3) 建立网格将隧道内壁表面微分为若干计算单元。每个计算单元可以视为反射面，亦可视为新的光源；

(4) 根据余弦定理，计算灯具直接照射在计算单元上产生的照度和亮度；

(5) 根据双向反射分布函数，计算每个单元对路面上计算点产生的直接反射照度和亮度；

(6) 将每个计算单元视为光源，计算该单元对其他单元产生的照度和亮度；

(7) 将上一步计算得到的间接反射光线加在每个计算单元上，反复迭代计算各个计算单元对路面计算点产生的间接反射亮度，通常在经过 7 次间接反射作用后，新的反射光在数值上已经很小，可以不予考虑；

(8) 直射亮度、直接反射亮度和间接反射亮度之和即为考虑到反射光影响的路面亮度。

在理想情况下，为了保证计算精度必须将网格划分得足够密，并充分考虑到灯具配光曲线的影响和隧道断面的几何尺寸。应当反复迭代计算减小误差影响，计算过程可通过计算机软件实现。

为了进一步研究隧道内壁上不同反射特性的内装材料对隧道照明质量的影响和使用内装材料后的节能功效，选取典型城市隧道结构断面为例，通过软件仿真分析不同反射系数的内壁装饰材料与路面照明质量之间的关系，从而指导隧道照明的节能优化设计。仿真软件中采用双向反射分布函数和光线跟踪算法，进行间接反射的计算，隧道内装材料采用反射率不同的材料进行模拟，不同材料模式选取不同的反射模型，可定义颜色、反射率、透明度、粗糙程度等参数；同时，场景渲染借助外挂光线追踪方式 POV-Ray 渲染器，可生成多种特效，满足了仿真计算的需求。

7.4.2 隧道模型与仿真计算

为了研究隧道侧壁内装材料的改变对照明水平的影响，需选择不同反射系数的内装材料，并将其余的照明环境参数(如灯具类型、配光曲线、光通量大小、灯具布置方式、隧道几何尺寸等)完全固定。由于计算工况的复杂，在现有的条件下做实验观测存在一定难度。因此，通过计算机仿真模拟的方法，以路面平均亮度作为关键评价指标，分析不同反射系数的内装材料对隧道照明质量的影响，并得到其反射系数与路面平均亮度的相对关系。

1. 模型建立

隧道模型建立选长度为 3km 隧道，设计车速为 60km/h，隧道照明划分入口段、过渡段、中间段和出口段，仿真模拟选取隧道照明中间段分析侧壁反射光对隧道照明的影响。中间段不受自然光的影响，考虑到中间段上各个位置的照明设计相同，取其中的 50m 长度建立分析模型。隧道宽 10.4m，两侧设有检修道，高 7.2m，具体断面尺寸如图 7-11 所示；灯具布置采用双排对称布灯方式，布灯间距为 2.5m，布设高度为 5.6m；灯具类型为隧道内常用的 LED 和高压钠灯，考虑到实际环境和光衰减的影响，灯具维护系数取 0.7。

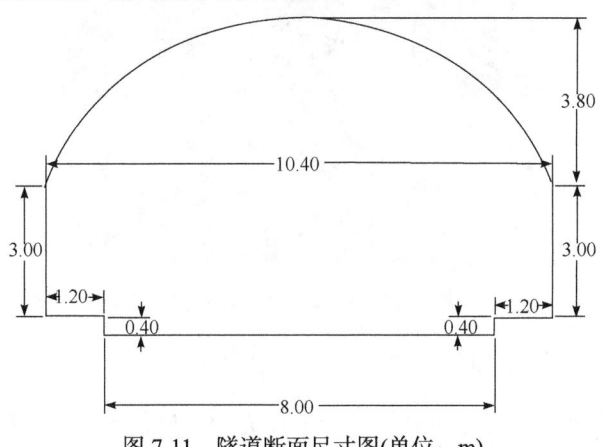

图 7-11　隧道断面尺寸图(单位：m)

对于路面材料，沥青路面的反射系数低于水泥混凝土路面，取 0.15。隧道两侧墙面 2m 高范围内应铺设反射率不应小于 70%的墙面材料。但考虑到隧道内污染,如汽车尾气、油烟以及大气中和地下的一些原因,隧道表面会积尘积灰、聚积化学物质,如盐、污垢和湿气堆积物,这会导致墙面材料的反射系数产生衰减。计算模型中在考虑到维护系数的影响后,墙面反射系数从 0.7 逐渐降低至 0.5。为了与设置内装材料时的照明质量进行对比,初始计算工况选择模拟隧道内衬完成后表面涂刷的深色防火涂料,即取初始反射率为 0.1。对于顶棚材料,由于直接照明或半直接照明的灯具分配到顶棚上的光通量很小,反射作用不太明显。此外,顶棚是隧道内污染最严重的区域,即使设置高反射率内装材料也会由于污染和难以清洁等原因使其反射系数下降很快最后变成反射率很低的表面,因此大部分隧道都直接采用深色防火涂料涂刷顶棚,计算模型中顶棚材料反射系数取 0.1。

应当指出的是,仿真软件中计算得到的路面平均照度或亮度是针对模型的自定义工作面而言,即模型中整个路面区域,这与规范中按照两灯之间和灯具影响范围划分的计算区域存在差异。此外,软件计算过程中会自动划分计算网格。网格划分得过粗,计算结果会存在较大误差;网格划分得太细,照度和亮度的计算结果会相对准确,但均匀度会出现一定程度上的失真。由于计算机会自动选择检修道边缘或者其他光线照射不到且实际中根本不需要考虑的点,因此在计算过程中经常会产生相邻两个计算区域均匀度发生突变的情况。因此分析过程中,应根据《照明测量方法》(GB/T 5700—2008)按照四角布点法或中心布点法,在计算模型中将计算区域的路面划分为若干个矩形网格,计算结果将更接近于真实。计算模型效果如图 7-12 所示。

图 7-12 计算模型 3D 效果图

2. 隧道内装材料与 LED 组合照明的仿真计算

对某种光源进行仿真分析时,须获得该光源准确的电参数和配光曲线。使用光度计对某 LED 光源进行测量,使用模拟软件绘制配光曲线图如图 7-13 所示。将光度文件制作成 IES 格式的灯具文件,通过软件接口将灯具文件导入仿真软件灯具库即可对真实光源进行计算。

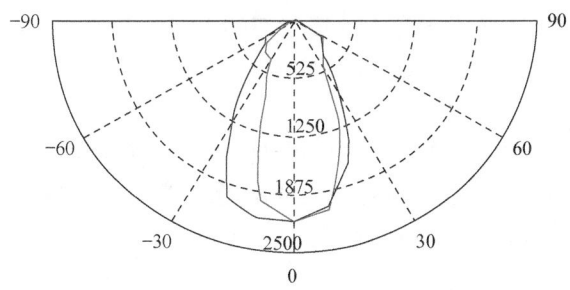

图 7-13　LED 光源配光曲线

在隧道两侧墙面 3m 高度范围内设置高反射率的内装材料后，与未设置内装材料时即内壁采用深色防火涂料的情况相比，路面照明质量对比如图 7-14 和图 7-15 所示。图 7-14 表示隧道内表面两侧 3m 高度范围内未设置内装材料的路面照度分布情况，从图中可见计算平均照度为 46lx。在相同光通量条件下，当对隧道内表

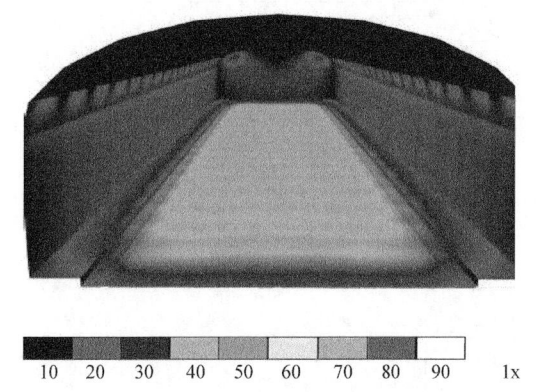

图 7-14　LED 光源下内壁采用深色防火涂料时的路面照度

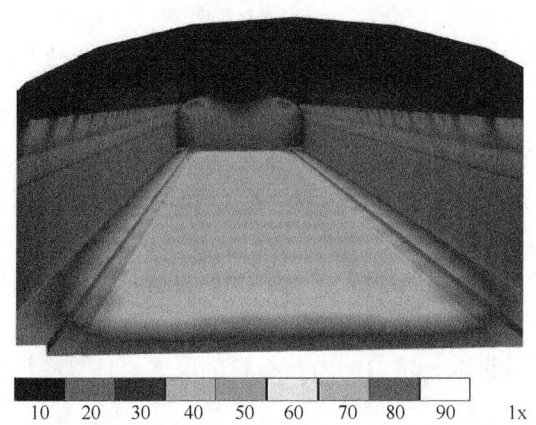

图 7-15　LED 光源下设置高反射率内装材料后的路面照度

面两侧 3m 高度范围内涂设具有 50%反射率的内装材料时，由图 7-15 可见，路面平均照度和照度均匀性明显提高，平均照度为 53lx，则可以节约光能量约为 13.2%，从而达到了降低能耗的作用。

为了进一步研究不同反射系数的侧壁材料对路面照明质量的影响规律，通过仿真计算得到了当材料的反射率由 50%依次增加到 90%的情况下，路面的平均照度、平均亮度关系分别如图 7-16 和图 7-17 所示。

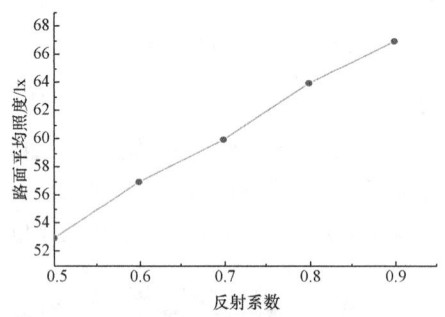

图 7-16　LED 光源下反射系数对路面平均照度的影响

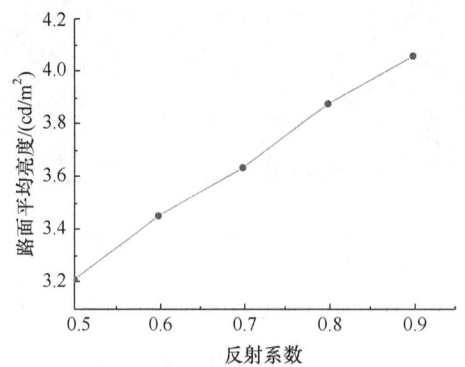

图 7-17　LED 光源下反射系数对路面平均亮度的影响

涂刷高反射率的内装材料后路面照度和亮度有明显提高。在保持原有照明设计标准的条件下，计算内装材料可节约的光能量如图 7-18 所示。可以看出，对于计算工况的 LED 光源，当内装材料反射率达到 90%时，相比原有的深色防火漆可节约的光能量达 30%。

通过以上分析可知，在相同光通量条件下，随着隧道壁两侧侧壁反射率的增加，隧道路面的平均照度和平均亮度随之增加，反射率与照度、亮度基本呈线性关系。隧道照明设计选取一定值的内装材料的反射率计算隧道照明能耗，随着隧

第 7 章 蓄能发光材料节能技术

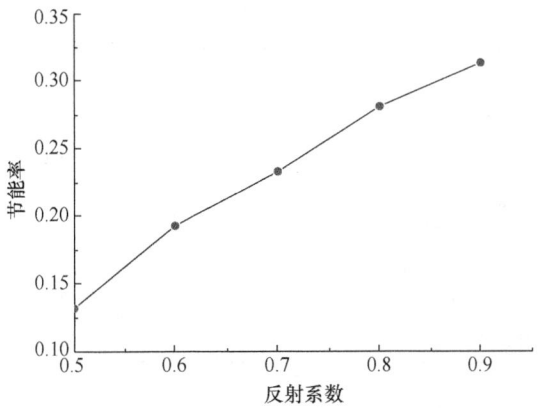

图 7-18　LED 光源下反射系数与节能率的关系

道侧壁反射率的提高，照明能耗随之降低，对于隧道照明光源选用 LED 光源计算，当隧道侧壁反射率达到 90%时，照明节能能耗可达到 30%[46]。

综上所述，通过选择反射系数较高的内装材料装饰隧道侧壁，在相同光通量条件下，可以提高路面的照度水平和亮度水平，同时也可以提高照度均匀性，从而提高隧道内行车照明环境，减少事故的发生。此外，如果在隧道照明设计上，考虑到隧道侧壁的反射光路面照亮和亮度的提升作用，那么在设计的时候就可降低灯具的总功率，从而减少能源的耗费，实现绿色照明的目的。

7.5　蓄能发光材料技术指标和辅助设计方法

7.5.1　技术指标

蓄能发光材料在技术指标的制定上，充分考虑到目前国内发光涂料的产品质量现状，同时参考国际和国外相关发光产品(如发光标志)标准，制定蓄能发光涂料技术指标如表 7-2 所示。

表 7-2　蓄能发光涂料技术指标

序号	项目	指标
1	容器中状态	无硬块，搅拌后呈均匀状态
2	施工性	刷涂二道无障碍
3	涂膜外观	涂膜均匀，无明显缩孔和开裂，暗室内可观察到明显发光现象
4	干燥时间(表干)/h	≤2

续表

序号	项目		指标
5	耐水性		168h 无异常
6	耐碱性		168h 无异常
7	耐酸性 a		48h 无异常
8	附着力/级		≤ 1
9	涂层耐温变性(3 次循环)		无异常
10	耐洗刷性/次		≥ 10000
11	可见光反射率 a		≥ 0.75
12	耐沾污性(白色和浅色 b)/%		≤ 15
13	发光亮度/cd/m²	激发停止 10min 时	≥ 50.00
		激发停止 1h 时	≥ 10.00
14	余辉时间/h		≥ 12
15	耐人工气候老化性(600h)	外观	不起泡、不剥落、无裂纹
		粉化/级	≤ 1
		变色/级	≤ 2
		发光亮度下降率/%	≤ 20
		余辉时间/h	≥ 10

a 仅适用于隧道环境；
b 浅色是指以白色涂料为主要成分，添加适量色浆后配制成的浅色涂料形成的涂膜所呈现的浅颜色，按 GB/T 15608 中规定明度值为 6 到 9 之间(三刺激值中的 YD65 ≥ 31.26)。

根据以上技术指标，结合隧道的运营使用综合考虑，蓄能发光多功能涂料应具备如下特点：

(1) 应属于环保型水性涂料，其集增光、延时发光、阻火难燃、耐水耐污、易清洗等多功能于一体，且无辐射、无毒，使用寿命不少于 10 年；

(2) 具备良好的稳定性，洗刷次数超过 10000 次而不应破坏漆膜；

(3) 发光节能效率高，在保证同样亮度的情况下可减小灯具的效率，根据光源的不同可提高照明照度 20%～100%；

(4) 余辉时间长，在突然断电的情况下，可持续发光照明 12h 以上，为突发情况下人员的撤离、疏散提供照明保障[47]。

7.5.2 辅助设计方法

通过大量的工程案例应用分析，我们大致可以提出以下几种蓄能发光多功能涂料在隧道中进行节能照明辅助设计的方法。

(1) 长度小于 200m 的隧道，可取消照明灯具，直接利用蓄能发光多功能涂料进行照明，建议具体做法为：在隧道洞口向内 60m 范围全断面喷涂，剩余部分则喷涂 3m 拱墙高度。

(2) 200～300m 的隧道，在隧道洞口向内 60m 范围全断面喷涂，剩余部分则喷涂 3m 拱墙高度。取消加强照明灯具，白天采用基本照明灯具组合蓄能发光多功能涂料照明，夜间可关闭照明灯具，直接利用蓄能发光多功能涂料进行照明。

(3) 300m 以上的隧道，在隧道洞口向内 60m 范围全断面喷涂，剩余部分则喷涂 3m 拱墙高度。利用蓄能发光多功能涂料辅助照明，可比常规照明设计减少约 20%～25%的用电容量[48]。

7.6 工程应用案例分析

黄避岙隧道是浙江省宁波市象山港公路大桥的组成部分，隧道全长 460 m，位于象山县黄避岙乡境内，全线采用双洞双向四车道，采用高速公路标准建设，设计速度 100km/h，汽车荷载等级为公路Ⅰ级，标准路基宽度为 26 m，公路沿线隧道通车限速 80km/h。黄避岙隧道建成通车较久，隧道内壁涂装材料较为陈旧，已经出现大面积起皮、脱落等现象，影响隧道的形象美观与行车安全，另外，该路段安全事故频发，因此，2016 年 10 月 20 日～11 月 5 日，建设单位利用新型材料蓄能发光多功能涂料对隧道拱墙面覆盖喷涂进行了光环境改造。

1. 隧道光环境研究检测

在黄避岙隧道改造前，使用照度仪对隧道内的光环境进行了研究检测。

因为隧道不同路段的灯具设置不同，所以按入口段、过渡段、中间段、出口段进行分段测量，从隧道入口 15m 处开始，每隔 15m 在中心线和两边线布点采集数据；同法，对改造后的光环境进行了研究，采集记录数据。测试数据如表 7-3 和表 7-4 所示，测试结果的各项指标数值列于表 7-5 中。由表 7-5 可知，改造后隧道光环境的照度、色温、显色指数均有所增加。经计算可得，入口段、过渡段、中间段、出口段增光增亮率分别为 30%、18%、26%、45%，最高增光增亮率为 72%，平均增光增亮率为 30%；各段色温分别增加 30K、37K、27K、20K，最高可增加 100K，平均增加 29K；各段显色指数分别增加 4、4、1、2，最高增加 7，平均增加 3；改造前隧道照度总均匀度和纵向均匀度分别为 0.20、0.11，改造后分别增加到 0.26、0.15。由此可见，改造后隧道路面照明均匀度有较大提高。在隧道入口段和出口段由于洞内外亮度差较大，极易形成"黑洞"和"盲光"现象，此类现象造成交通事故频发。经过改造前后的试验检测对比,隧道改造后进、出口段的平均增光增亮率分别提高了 30%、45%,其明显地降低隧道洞口与洞外亮度的差异,有效地消除了隧道进出口的"黑洞"和"盲光"现象,有力保障了行车运营安全性。

表 7-3 改造前隧道的光环境指标数据

位置(距入口距离/m)		照度/lx			显色指数			色温/K		
入口段	15	1644	1940	1765	27	27	27	2039	2048	2040
	30	1847	2408	1809	26	26	26	2026	2043	2030
	45	2084	2685	2010	24	26	26	2017	2030	2019
	60	2177	2725	2024	24	25	25	2017	2025	2018
	75	2198	2920	2008	24	25	26	2017	2038	2021
	90	2179	3011	2187	25	25	25	2042	2043	2040
	105	1680	2884	1582	25	25	25	2031	2045	2033
过渡段	120	1987	2550	2031	24	25	25	2024	2034	2025
	135	2117	2396	2074	23	23	23	2024	2016	2017
	150	2004	2530	2163	22	22	23	2019	2029	2020
	165	1757	2131	1818	22	23	22	2037	2037	2036
	180	1596	1813	1505	23	24	24	2018	2014	2017
	195	1256	1772	1187	29	29	29	2013	2031	2022
	210	1063	1274	778.4	29	29	30	2023	2024	2023
	225	979.9	1230	1012	28	28	28	2027	2037	2019
中间段	240	943.4	1284	959.4	27	28	28	2011	2032	2014
	255	970.8	1332	981.2	28	29	29	2035	2047	2035
	270	758.3.1	1032	650.6	28	28	28	2036	2045	2035
	285	521.2	679	536.8	29	28	29	2024	2029	2025
	300	356.9	582.4	334.1	28	29	28	2051	2058	2050
	315	377.1	513	368.4	29	30	29	2017	2008	2010
	330	363.4	494.8	351.2	30	29	29	2046	2023	2044
	345	358.6	453.4	358.1	28	27	28	2020	2016	2021
出口段	360	319.5	467.6	312.5	26	27	26	2024	2045	2028
	375	335.5	434.7	322.4	27	27	27	2013	2039	2016
	390	267.8	331.9	247.6	27	28	27	1977	1961	1975
	405	292.3	462.3	304.6	24	24	24	1997	2016	2001
	420	406.2	626.5	395.1	24	23	23	1999	2012	1997
	435	422.1	671.9	400.7	22	23	22	2018	2018	2017
	450	420.5	525.4	428.4	21	23	22	2031	2027	2030

表 7-4 改造后隧道的光环境指标数据

位置(距入口距离/m)		照度/lx			显色指数			色温/K		
入口段	15	2300	2541	2423	28	29	28	2054	2053	2053
	30	2610	2931	2500	29	30	29	2054	2052	2053
	45	2651	3284	2708	30	30	30	2065	2054	2061
	60	2680	3349	2754	30	30	30	2064	2055	2066
	75	2760	3554	2693	29	29	29	2068	2057	2067
	90	2790	3617	2784	29	29	29	2069	2069	2070
	105	2618	3507	2651	29	30	30	2063	2072	2068
过渡段	120	2410	2810	2325	29	30	30	2057	2059	2060
	135	2361	2640	2313	28	28	28	2067	2061	2068
	150	2496	2852	2423	29	29	28	2062	2058	2065
	165	2136	2435	2216	28	28	28	2059	2063	2055
	180	1986	2026	2018	29	30	30	2062	2064	2062
	195	1606	1781	1610	32	32	32	2072	2072	2070
	210	1271	1545	1326	31	31	31	2064	2063	2063
	225	1205	1488	1300	28	29	28	2039	2047	2044
中间段	240	1289	1533	1302	31	30	30	2063	2067	2064
	255	1241	1507	1321	30	30	30	2072	2072	2071
	270	915.3	1210	918.2	29	29	29	2062	2065	2063
	285	623.8	901.5	768.4	30	30	30	2049	2045	2044
	300	445	675.2	450.8	28	28	28	2062	2044	2065
	315	478.5	629.9	488.9	28	28	28	2057	2064	2060
	330	422.4	649.2	410.6	27	28	27	2071	2055	2061
	345	415.3	554.9	421.6	29	30	29	2028	2036	2030
出口段	360	410.2	589	406.3	33	31	31	2032	2034	2032
	375	451.2	530.6	423.3	28	28	28	2078	2065	2082
	390	414.1	540.5	408.7	27	27	27	2071	2057	2075
	405	420.8	580.6	431.6	25	26	24	2002	2059	2014
	420	623.7	820	613.8	25	25	25	2028	2030	2028
	435	662.5	927.7	664.8	23	24	23	2022	2015	2020
	450	685.6	907.9	666.4	23	23	22	2041	2036	2044

表 7-5 改造前后各项指标值的对比

各项指标	改造后				改造前			
	入口段	过渡段	中间段	出口段	入口段	过渡段	中间段	出口段
平均照度/lx	2843	2024	816	580	2179	1709	648	400
平均色温/K	2061	2061	2057	2041	2031	2024	2030	2011
平均显色指数	29	29	29	26	25	25	28	24
平均增光增亮率/%	30	18	26	45	—	—	—	—
照度总均匀度	0.26				0.20			
照度纵向均匀度	0.15				0.11			

蓄能发光多功能材料的有效激发光谱在 200～450nm，在外界光源激发下先储蓄能量，然后以光的形式释放，其发光光谱波长范围为 480～580nm，因此蓄能发光多功能材料不仅可以增光增亮；而且能够提高照明环境的显色指数，这是因为蓄能发光多功能材料的发光光谱弥补了隧道光源本身发光光谱的残缺波段，使隧道光环境总光谱图在对应波长内的光波更充足，波形更饱满，与太阳光光谱图波形更接近，因而显色指数就会得以越高。蓄能发光多功能材料用于公路隧道辅助照明，可明显增加司机对路面小物体的识别能力，有利于运营行车安全。

图 7-19 是白天开灯条件下隧道改造前(左图)和改造后(右图)效果图，由图可以看出改造前(左图)隧道光线较暗，改造后(右图)光线较亮；图 7-20 是夜晚开灯

图 7-19 白天开灯条件下隧道改造前(左)和改造后(右)效果图

图 7-20 夜晚开灯条件下隧道改造前(左)和改造后(右)效果图

条件下隧道改造前(左图)和改造后(右图)效果图,由图可以看出改造前(左图)光线较昏暗,改造后(右图)较明亮。

经过改造后隧道光环境的照度、色温、显色指数均有所增加。以实测计算可知,入口段、过渡段、中间段、出口段的增光增亮率分别为 30%、18%、26%、45%,平均增光增亮率高达 30%;各段色温分别增加 30K、37K、27K、20K,平均增加 29K;各段显色指数分别增加 4、4、1、2,平均增加 3;改造前隧道照度总均匀度和纵向均匀度分别为 0.20、0.11,改造后分别增加到 0.26、0.15,由此可见,改造后隧道照明光环境指数有较大提高,路面照明均匀性也有较大提升。

2. 延时发光

蓄能发光多功能涂料是光功能材料的一种,它不同于荧光涂料、反光涂料、自发光涂料等其他光功能涂料。它可以吸收太阳光或灯光等可见光中的不可见电磁波,并形成材料本身的核外电子迁移,发生增光增亮现象,且当光源激发停止后,其跃迁到高位的核外电子再回归又发生延时发光现象,这种现象也可形象地称之为"储能",通过高科技的手段其延时发光的余辉可持续 12h 以上,蓄能发光多功能涂料中的这种功能性光致发光材料具有超长余辉发光、发光亮度高、发光时间长、无放射性等优点。

通过本研究对改造后的黄避峤隧道的延时发光的性能进行了检查评价,在夜间隧道开灯 30min 后,关掉全部灯源,用瞄点式亮度计检测隧道中线亮度,距入口每隔 100m 测试一组亮度随时间变化的数值,检测结果如表 7-6 所示。经计算可得,10min 后延时发光的平均亮度为 58.6cd/m^2,1h 后平均发光亮度为 13.4mcd/m^2,符合技术指标规定要求。关灯后延时发光的效果如图 7-21 所示。

表 7-6 延时发光亮度值测试结果

时间/min	亮度/(cd/m^2)			
	距入口 100m	距入口 200m	距入口 300m	距入口 400m
0	0.6600	0.6700	0.6500	0.6400
5	0.1020	0.0991	0.101	0.0980
10	0.0600	0.0620	0.0564	0.0560
30	0.0295	0.0278	0.0276	0.0292
60	0.0135	0.0134	0.0132	0.0135
90	0.0098	0.0103	0.0096	0.0095
120	0.0020	0.0019	0.0018	0.0019

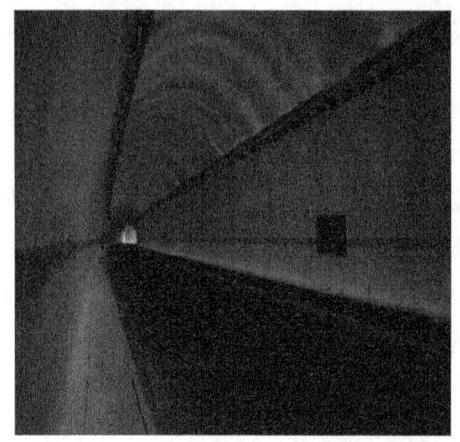

图 7-21　隧道改造后关灯条件下延时发光效果图

对改造后隧道关灯时延时发光亮度测试结果表明，关灯 10min 后的平均发光亮度为 58.6mcd/m^2，关灯 1h 后平均发光亮度为 13.4mcd/m^2，符合技术指标要求，国际照明协会(CIE)规定在火灾和紧急状态下，建筑物内逃生指示照明亮度不得小于 0.2lx(相当于 0.013～0.02mcd/m^2)。

3. 小物体可视距离

以尺寸 15cm×15cm×15cm 黑色正方体为目标小物体，在全开照明灯具和开启基本照明灯具的情况下，对其可视距离进行测量，记录能够看到小物体的距离和能够清晰辨别其形状的可视距离。如图 7-22 所示，在隧道内放置目标小物体，在不同距离下观测到小物体的清晰度是不同的。测试结果如表 7-7 所示，在灯具全开的情况下照明亮度较高，改造前能看到小物体和能分辨其形状的距离分别为 120m 和 100m，改造后分别为 168m 和 130m；在基本照明的情况下照明亮度较低，改造前能看到小物体和能分辨其形状的距离分别为 80m 和 60m，改造后分别为 110m 和 90m。

图 7-22　小物体可视距离现场测试图

由此可见，不论在哪种照明条件下，都是改造后对小物体的可视距离较远，可提高 30～48 m 的可视距离。文献资料表明，驾驶员在发生安全事故时，做出反应的时间要大于或等于 0.35s，按隧道设计车速 80km/h 计算，那么在紧急情况下，驾驶员可多 1.4～2.2s 的反应时间，这大大增加了驾驶员的反应时间，对保证隧道行车安全具有非常重要的意义。

表 7-7 改造前后小物体可视距离数据表

照明状态	测试隧洞状态	能看到小物体距离/m	对应点照度/lx	能看清小物体形状距离/m	对应点照度/lx
灯具全开	改造后	168	3303	130	3280
	改造前	120	3120	100	3108
基本照明	改造后	110	83.1	90	74.6
	改造前	80	56.3	60	47.8

明视觉与暗视觉相对，是不同波长的光刺激在两种亮度范围内作用于视觉器官而产生的视觉现象。人眼明视觉所处的光环境亮度值一般在 $3cd/m^2$ 以上，暗视觉则在 $0.01cd/m^2$ 以下，而隧道基本段的照明属于明视觉和暗视觉共同作用的中间视觉，在人眼视觉处于中间视觉状态下，锥状细胞和杆状细胞同时起作用，人眼的最敏感的光波波长从明视觉状态下的 555nm，变化为暗视觉状态下的 507nm。因此，此时人眼视网膜上的神经节细胞对短波长的光辐射更为敏感，并且富含短波长的光有利于瞳孔收缩，更利于提高可见度，具有更高的光谱光视效率。而因为蓄能发光多功能材料的发光光谱范围(480～580nm)正处于人眼敏感短波长区域，所以当隧道壁采用蓄能发光多功能材料后会显得更加清晰可见，更加利用分辨路面目标。

隧道在改造后不论是灯具全开还是基本照明条件下，对小物体的可视距离都有所提高，提高范围为 30～48m，在紧急情况下可增加驾驶员 1.4～2.2s 的反应时间，而驾驶员在发生安全事故时做出反应的时间要大于或等于 0.35s，这对保证隧道行车安全具有非常重要的意义[49]。

第 8 章　隧道路面照明节能技术

　　隧道内没有隧道外一般路段的日晒雨淋气候，全年气温相对稳定，温度变化幅度小，温差小；但隧道内湿度大，比较潮湿，地下水丰富。隧道内空气流动性小，空气易污染；隧道内没有日照，常年处于黑暗中，能见度低。因此，隧道路面铺装、养护要求及其技术，与道路一般路段的路面结构存在较大的差别。

　　目前，我国现有的隧道路面基本可分为两大类，即水泥混凝土路面和沥青混凝土路面。近年来，随着我国公路建设的迅速发展，隧道越来越多，尤其是城市隧道建设，并对隧道路面上的汽车行驶的安全性与舒适性，以及对隧道路面的表面抗滑性能和噪声提出比一般公路隧道提出了更高的要求，特别是行车安全性、舒适性和环保上的要求，一般小型机具施工的水泥混凝土路面难以满足这方面的要求。

　　在国外大多数的公路隧道路面采用沥青路面。除了一般的沥青路面和水泥混凝土路面，国内外较多学者开始研究彩色路面与明色铺设技术，来使隧道照明节能和安全运营。

8.1　彩色路面的色彩分析与应用

　　彩色路面主要是加入颜料与结合料相混合，形成彩色路面。彩色路面因其丰富的色彩变化，给人强烈的视觉冲击，在景观美化、引导交通等方面作用显著，得到越来越多的关注。

　　色彩是眼睛对不同波长的光所产生的视觉。人们根据不同的色彩把各种事物区别开来，并从中获取有关这些物体的形状、位置等诸方面信息，这是一种生理作用。但是这种生理作用进一步冲击到人们的心理，往往会产生不同的情绪，这种冲击基本上是在不知不觉中作用于人的心理的，所以也就产生了色彩心理[50]。不同的颜色进入人们的眼帘，不但能使人们产生大小、轻重、冷暖、远近、明暗等的触觉，还能引起人们产生兴奋、紧张、安全、烦躁、忧郁等心理效果。颜色能影响人们的情绪、工作效率以及生活和其他方面，同样也能影响驾驶员安全驾驶车辆。依据人对颜色的心理影响可以将颜色分为暖色和冷色。红、橙、黄等色素似太阳和火光的颜色，使人有温暖的感觉，因而被称为暖色系；而蓝、青、绿等颜色似蓝天海水和森林的颜色，往往引起寒冷、凉快的感觉被称为冷色系。暖色给人视网膜的刺激强，冷色给视网膜的刺激弱。人们长期生活在一个色彩世界中，积累着许多视觉经验，一旦视觉经验与外来色彩刺激发生一定的呼应时，就会在人的心理上引出某种反应。例如，红色能促使人的心理活动兴奋，蓝色可使情绪镇静，绿色对心理的活动有缓和作用，玫瑰色能使抑制、消沉的情绪振奋起来。

彩色沥青路面的优点很多，彩色沥青路面可以具有沥青混合料的良好物理力学性能；可改善沥青路面黑色的单调性，与附近的景观更好地相互搭配、协调；还可以多元搭配使用，做彩色透水路面、彩色稀浆封层等，既可以维持既有道路或广场的特殊使用功能，还可发挥多色彩的分区功能。彩色路面可用于交通管理，通过不同的路面颜色清晰地警示前方道路的交通路况，用颜色指示不同车道的用途，彩色路面对车流的引导要比路面上画线效果更好。

城市隧道内的光线较暗，行车视线较差，而沥青路面由于颜色黑，对灯光的反射率低，有较强的吸收光线的特点，会直接影响隧道路面的能见度，对行车安全不利[51]。白天当司机城市驾驶车辆从明亮的自然光亮环境接近并进入城市隧道时，由于隧道洞内照明亮度不高，洞口内外光亮度落差较大，司机眼睛的视觉状态就会出现一段不适应的过程，当进洞口一瞬间会出现隧道内什么也看不清，这被称为"黑洞现象"。可以通过铺设彩色路面减缓这一现象。

随着彩色沥青混凝土生产和施工工艺的不断改进，已先后开发了红、黄、蓝、绿等十多种彩色沥青混凝土路面，其中红、黄、绿铺设得比较多。在不同的气候条件下几种颜色的光所需的照度如表8-1所示。

表8-1　不同气候下辨认各种颜色光所需照度　　　　　　　　（单位：1x）

气候条件	红	橙	白	绿
夜间，晴天	1.0	2.0	2.5	2.8
夜间，小雨	1.2	2.1	3.0	3.2
夜间，阴有雾	3.2	4.1	3.1	5.9
夜间，大雨	8.9	33.5	132.0	33.5
夜间，小雪	222.0	835.0	1556.0	567.0
白天，阴有雾	2000.0	2111.0	3222.0	4000.0
白天，晴	4778.0	7556.0	11111.0	10000.0

从表8-1可知，红色对光所需的照度比较小。由于红色光在不同照度下变化比较小，且市场无机颜料氧化铁红的造价又比较低，所以通常选红色沥青路面作为隧道出口路面，以降低隧道入口段暗适应对驾驶员行车安全的影响。目前有10

种适用于建筑材料的比较典型的颜料，氧化铁黄 G313、橘黄 340、氧化铁棕 510、氧化铁紫 610、翠绿 210、宝蓝 410、铬绿 5396、3132 大红粉、群青 462、氧化铁红 110。试验表明，各种颜料的马歇尔稳定度都比较高，可以满足规范对重交通道路马歇尔指标的要求；群青、翠绿、氧化铁红这几种颜料制作的试件的残留稳定度值比较小，不能满足规范对残留稳定度的要求，其余几种颜料试件的残留稳定度较好。试验过程中发现有些颜料的水稳性特别差，尤其是群青颜料含量 5%的试件，浸水 48h 后出现松散现象[52]。从工程造价来看，由于颜料比矿粉的价格高，彩色沥青路面的造价要比普通的路面高一些。以上，不难看出彩色沥青已经被应用于隧道路面建设中，但更多的是在隧道洞口处(图 8-1)，所起到的作用仅仅是警示、提醒。

图 8-1　彩色沥青路面应用于隧道洞口

由于人眼对光的亮度变化的适应性，当眼睛从亮度大的部位转移到亮度小的部位时不能立刻看清物体，一般要经过 4~6min 的适应后，才能看清物体，这就导致汽车驶入隧道时发生交通事故率升高。如当汽车进入城市隧道时，隧道内虽有照明，但在白天，进入隧道前的照度天然光照度几乎达到几万 lx。由于明暗差别过大，驾驶人员的眼睛不能适应，这时，即使产生 1s 的视觉影响(如若车速为 60km/h，则 1s 相当于汽车行驶了 16.7m 的距离)，也可能发生交通事故，故应采取相应的安全措施。较经济直接的办法就是利用亮色铺装来有效提高隧道内路面的亮度，而黄色是暖色系中较活泼温暖的色，黄色明视度高，具有较远地方就能看到的效果，常用来警告危险和提醒注意，所以采用黄色沥青路面对隧道内路面进行铺装可以显著提高隧道内的照明效果，提高隧道内行车的安全性。

虽然黄色沥青路面可用于改善隧道内的照明效果，但混合料的抗褪色能力较差，一般一年时间左右就会发生褪色现象，尚有待进一步的研究。

使用反光率较高的亮色骨料与无色沥青结合料形成的亮色沥青铺装路面，同样可以有效增加路面亮度，可以提供良好的光反射效果，增强驾驶人员的视力，提高夜间行车的安全性，达到照明节能的目标。

8.2 隧道路面的明色铺装技术

明色铺装技术的提出可以很好地增加驾驶员进出隧道时的行驶识别效果，不仅有利于行驶安全，还可协调景观。明色铺装技术就是将浅色的骨料(素材)撒布在路面材料中，以增加沥青路面的亮度。

使用在普通沥青混合料表面撒布明色材料(碎玻璃、浅色石料)，并碾压使其密实的办法，可以增加城市隧道内部沥青路面的亮度，从而达到节能的目的。

8.2.1 明色铺装技术的应用

早在 20 世纪 60 年代末至 70 年代初，美国就开始了玻璃沥青混合料的研究和实践，此期间在美国和加拿大铺筑了约 33 个玻璃沥青路面的实验路，取得了较好效果；70 年代中期到 80 年代中期，美国巴尔的摩城采用掺入废玻璃的沥青混合料铺筑城市道路的沥青路面，试验路段达 17 个，结果发现玻璃沥青面层性能良好并有着显著的反光效果。

在日本，已有采用玻璃珠作为填充材料的沥青路面，可以提供良好的光反射效果。法国的研究者使用白色卵石和脱色沥青建成的特殊路面，在三年的使用中平均亮度系数变化不大，可以有效地提高路面的亮度[53]。

苏联研究人员为了改善路面的照明，借助特种设备热撒铺特种铝粉在路面表面，经过一次滚压，在随后的行驶过程中粉末被压入路面。采用这种粉末可使路面光亮提高 2~3 倍，并且能使粉末长期维持在运营期内，这种方法照明效果好[51]。

在国内，将明色铺装技术应用于公路隧道路面的研究尚处于刚刚起步的阶段，应用更是较少。

长安大学公路学院的史小丽、王选仓、刘昆等利用玻璃珠的回归反光特性，通过在 OGFC 中掺加高强度玻璃珠，以提高隧道沥青混凝土路面亮度，并分析了 OGFC 混合料中掺加不同比例和不同粒径玻璃珠对沥青混合料路用性能的影响，提出了 OGFC 中掺加玻璃珠的最佳粒径和最佳比例[53]。

同济大学道路与交通工程教育部重点实验室的陈风晨、李立寒、杜鹃等将废玻璃掺入沥青混合料中，通过试验表明，采用高黏度的改性沥青或以水泥作为抗剥落剂可以有效地提高玻璃与沥青的黏附性。掺加一定比例的废玻璃对沥青混合料的设计沥青用量影响不大，但会降低沥青混合料的密度，并使沥青混合料试件的马歇尔稳定度、抗车辙能力和抗滑性略有降低，同时随着废玻璃用量的增加，沥青层表面的反光性增加[51]。

对于改善城市隧道内部亮度的另一方法是从照明设施上考虑，照明设施的增加，隧道内的亮度会有所改善，但采用过多的照明设施势必会增加运营费用，同时也给养护、维修带来难度。因此在安全和节能、投资维护成本上有不少矛盾，要设计出一个照明控制性能较好的隧道照明控制系统确实需要作深入细致的调研和考虑。

综上所述，从路面材料的角度进行城市隧道内部亮度调节，采用明色铺装技术无疑会有极大的发展空间。

8.2.2 明色铺装技术的措施

目前，明色铺装技术的措施主要有两种，即路面材料中添加反光材料和直接在路面上涂抹或是喷涂反光物质。对于涂抹或是喷涂反光物质，在道路领域的应用主要是道路的标线、标志涂料。从环保方面考虑，这两种物质都不能作为路面的铺筑材料，大量地使用到路面中。

另外一种明色铺装技术措施就是向路面中添加反光材料。这种反光材料的种类较多，既可以是本身具有颜色的白色石料，像白色大理石、花岗岩、陶瓷，也可以是具备反光性能的玻璃物质，像普通玻璃、玻璃微珠等。这种材料的添加也有两种方式：一种是作为一种集料直接加入沥青混合料中；另一种是采用表层摊铺、碾压密实的方式。

涂抹或是喷涂反光物质所采用的材料大多为化学物质，它们当中很多是有毒有害物质，长期接触对人的健康不利，这些材料大部分为道路标志标线所采用，如果在路面中大面积使用极有可能造成驾驶人员无法准确地辨认各种指示信息，对行驶安全是不利的。另外，制作道路标志标线的材料一般价格较昂贵，而且施工工艺要求高，部分材料要求施工周期长，就经济的角度考虑也是不适合大面积使用的。

而另外一种向路面中添加反光材料明色铺装技术措施不具有上述问题。对于反光材料的选用，我们采用反光率来衡量，表8-2是一些典型材料的反光情况。

表 8-2 典型材料的反射率

材料	表面状态	反射率
白色大理石	尚整洁	0.60～0.65
花岗岩	尚整洁	0.10～0.15
浅色混凝土(或石头)	尚整洁	0.40～0.50
	尚整洁	0.25
深色混凝土(或石头)	很脏	0.05～0.10

续表

材料	表面状态	反射率
仿混凝土材料	清洁	0.50
白砖	清洁	0.80
黄砖	新的	0.35
红砖	新的	0.25
砖头	脏	0.05

从表 8-2 中我们可以发现，浅色物质具有较高的反射率，即具有较好的反光性能，其中白砖的反光率高达 0.80，这很大程度上依赖于其表面的洁净与否，以及是否是光滑的，而且过大的反光率导致类似于镜面效应的效果，在实际应用中应当避免。

在深色(沥青)混凝土与浅色(水泥)混凝土的对比中可以发现同等条件下浅色(水泥)混凝土的反射率接近深色(沥青)混凝土的两倍，但均低于白色大理石。综上，我们可以考虑选用白色大理石作为我们的实验材料。明色铺装技术利用的就是浅色物质在光线照射下产生的漫反射和镜面反射现象，如图 8-2 所示。

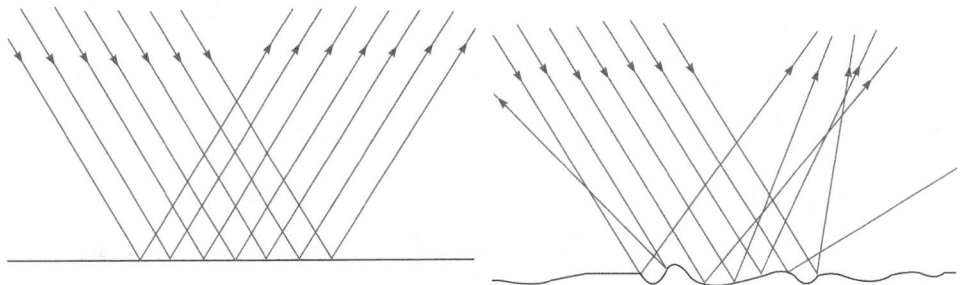

图 8-2 镜面反射和漫反射

选择的另一种实验材料是废玻璃。废玻璃经处理后，其粒径更加趋近于圆珠形。鉴于玻璃良好的物理性能和化学性能，可以考虑将其作为试验材料应用于研究。

随着经济和社会的不断发展进步，不可避免地产生了许多玻璃废弃物。有关专家估计，我国每年产生的生活垃圾中约有 2%是废玻璃，总量约 260 万 t。大量的废玻璃弃之不用，既占地又污染环境，还造成了大量的资源和能源的浪费。如果将废玻璃应用于道路建设中，不仅能避免废物处理的麻烦，而且可以节约大量的集料，这对保护环境是有很大帮助的。

研究人员以嵌入明色材料后沥青混合料的明色性能研究为研究重点，首先进行明色技术的分析，选取合适的明色措施，再借鉴国内外的研究成果，对沥青混合料进行配合比设计，优选混合料的级配及最佳沥青用量，然后对混合料的各项路用性能指标进行测定，接着采用等量替代的方式用明色材料替代混合料中相同粒径的集料，并测定嵌入明色材料后沥青混合料的各项路用性能。然后进行明色性能的分析，分别考虑添加不同撒布量、不同粒径明色材料的沥青混合料与未撒布明色材料的普通沥青混凝土、水泥混凝土的明色性能，进行对比试验研究[51]。

1. 原材料性质分析

(1) 沥青：选用国产70#重交通沥青，参照《公路工程沥青及沥青混合料试验规程》(JTJ 052—2000)中的有关方法进行检验，具体检验指标如表8-3所示。沥青的各项指标均符合要求。

表8-3 AH—70#基质沥青主要技术指标

试验项目		单位	试验方法(或试验条件)	技术指标	试验结果
针入度		0.1mm	25℃，100g，5s	60~80	71
软化点		℃	环球法	44~54	52.5
延度		cm	15℃，5cm/min	≥100	>0
闪点		℃	开口杯法	>230	273
密度		g/c	15℃	实测	1.021
薄膜加热试验	质量损失	%	5h，163℃	<0.8	0.13
	针入度比	%	100g，25℃	≥55	62.2
	延度	cm	5cm/min，15℃	≥50	>100

(2) 集料：集料采用石灰岩，最大粒径16mm。参照《公路工程集料试验规程》(JTG E42—2005)中的有关方法实测集料的视密度，具体结果如表8-4所示。

表8-4 粗集料质量技术指标

试验项目	单位	试验方法(或试验条件)	技术指标	试验结果
表观密度	%	T0304—2005(网篮法)	≥2.5	2.69
压碎值	%	T0316—2005	≤28	21.0
针片状含量	%	T0312—2005(游标卡尺法)	≤15	11.5
吸水率	%	T0307—2005	≤2.0	0.42
洛杉矶磨耗值	%	T0317—2005	≤30	17.0
坚固性	%	T0314—2005	≤12	0.2
冲击值	%	T0322—2005	≤28	13.2
含泥量	%	T0310—2005	≤2	0.5

(3) 矿粉：选用普通石灰石矿粉，并通过 0.075nun 方孔筛。其技术指标如表 8-5 所示。

表 8-5 矿粉质量技术指标

试验项目		单位	技术标准	试验结果
表观密度		g/cm³	≥ 2.5	2.81
含水量		%	≤ 1	0.29
粒度范围	<0.6mm	%	100	100
	<0.15mm	%	90～100	98.1
	<0.075mm	%	75～100	95.6
外观			无团粒结块	无团粒结块

(4) 明色材料：明色材料所选择之一的碎玻璃是来自于某废品收购站的普通玻璃。经清洗后，人工进行破碎，并过 1.18mm、2.36mm、4.75mm 标准方孔筛进行粒径筛选(图 8-3)。

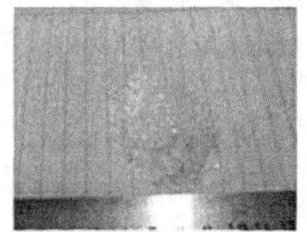 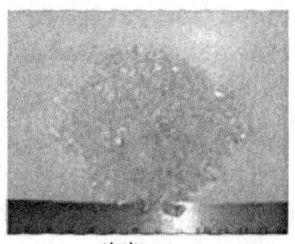 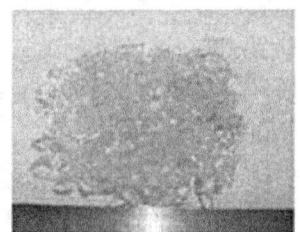

玻璃1.18mm　　　　　玻璃2.36mm　　　　　玻璃4.75mm

图 8-3 不同粒径玻璃实物

(5) 抗剥落剂：为了改善沥青与集料(尤其是玻璃)的黏结力，可以选用抗剥落剂，以降低潜在的剥落可能，而且可以增加混合料的硬度，减少沥青用量并降低对沥青胶材性能的敏感性。采用不同的抗剥落剂，可以提高集料和沥青之间的黏附性，但不同的抗剥落剂对沥青混合料的水稳定性有不同的影响。在国外使用消石灰替代部分矿粉的做法比较普遍，而且经过长期的跟踪调查发现，用消石灰处理过的沥青混合料，其抗剥离效果要优于使用化学液体抗剥落剂，抗剥离的效果非常明显。这里选用消石灰作为抗剥落剂。消石灰购自重庆某化工厂，其相关指标如表 8-6 所示。

表 8-6 试验用消石灰质量检验结果

检测项目	单位	质量要求		实验结果	
有效钙镁含量	%	≥65%		66.3	
含水量	%	<1%		0.6	
细度	%	100	<0.6	100.0	
		90~100	<0.15	93.5	
		>80	<0.075	80.7	
外观		无团粒结块		无团粒结块	

2. 试件成型方法

(1) 普通沥青混合料成型方法。将沥青混合料在规定温度下拌和，并击实或碾压成型，马歇尔试件双面各击实 50 次；混合料车辙试件板碾压成型密度由击实马歇尔试件密度控制，车辙试件板先在一个方向碾压 2 个往返，然后调转方向，再碾压 12 往返。马歇尔试件成型和车辙试件成型方法完全参照《公路工程沥青与沥青混合料试验规程》(JTJ 052—2000)中有关方法进行。

(2) 嵌入明色材料的沥青混合料成型方法。明色材料的加入有两种方法：一种是将其作为一种集料的替代加入，另一种是采用表面摊铺、碾压的方法进行。考虑到明色性能的提高，如采用前者的方法——明色材料作为集料直接与沥青拌和，其对提高明色视觉效果的作用势必会受到限制。因此，首先将普通沥青混合料在规定的温度下拌和，然后进行车辙试件板碾压成型，车辙试件板先在一个方向碾压 2 个往返，调转方向后向表面撒布明色材料，将其摊铺均匀，再碾压 12 往返。这里要求明色材料，经过加热以保证与沥青的较好黏结效果。

8.3 明色路面路用性能测试

衡量路面的亮度情况有很多方法，可阻采用亮度值，也可以采用照度值。照度是用来表示被照面上光的强弱，以被照场所光通量的面积密度来表示。本实验就是采用照度值测量的方法来衡量光线的强弱。目前，照度的测量仪器较多，功能不尽相同，但测量方法更多的是应用于路面的现场检测当中。适用于实验室的较少，尤其是针对本项目的测试方法尚未提出。由于本实验采用的是车辙试件测量，必须保证照度计的测量目标为试件范围(30cm×30cm)之内。因照度值的大小受灯具的距离，照度计到测试面的距离、角度等诸多因素的影响，本实验方法只是提供了同一水平下的不同材料的照度值比较情况。

按照有关明色性能测定的方法对车辙试件的反光性能进行测定，所测得的照度值如表 8-7 所示。嵌入不同材料的沥青混凝土照度值比较如图 8-4～图 8-11 所示。

表 8-7 照度值测量结果

采用材料	代号	明色材料撒布量/(kg/m²)				照度值测量值/lx				平均值/lx
		1.18	2.36	4.75	9.5	①	②	③	④	
嵌入浅色石料的沥青混凝土	Q1	—	—	—	2.5	3.10	3.68	2.95	3.03	3.19
	Q2	—	—	2.5	—	3.25	3.86	3.06	3.19	3.34
	Q3	—	—	2.5	2.5	3.39	4.01	3.18	3.35	3.48
	Q4	—	—	2.5	2.5	3.52	4.09	3.29	3.40	3.58
	Q5	—	—	5.1	5.1	3.39	4.02	3.29	3.45	3.54
嵌入碎玻璃的沥青混凝土	S1	—	—	2.5	2.5	3.09	3.76	3.06	3.00	3.23
	S2	—	2.5	—	—	3.14	3.80	3.09	3.03	3.27
	S3	2.5	—	—	—	3.31	3.29	3.32	3.26	3.30
	S4	—	2.5	2.5	—	3.17	3.85	3.03	3.10	3.29
	S5	2.5	—	2.5	—	3.24	3.82	3.02	3.18	3.32
	S6	2.5	2.5	—	—	3.32	3.84	3.06	3.21	3.36
普通水泥混凝土	PS	—	—	—	—	3.23	3.91	3.18	3.09	3.35
普通沥青混凝土	PL	—	—	—	—	2.86	3.50	2.76	2.63	2.94

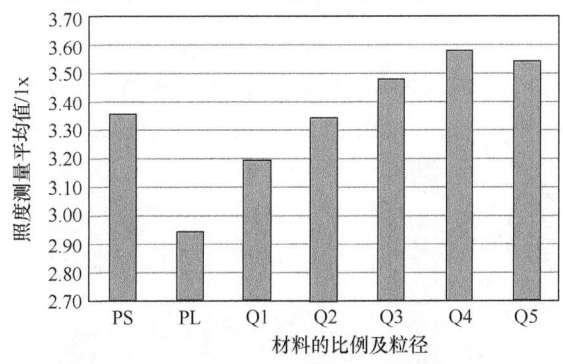

图 8-4 嵌入浅色石料的沥青混凝土照度值比较图

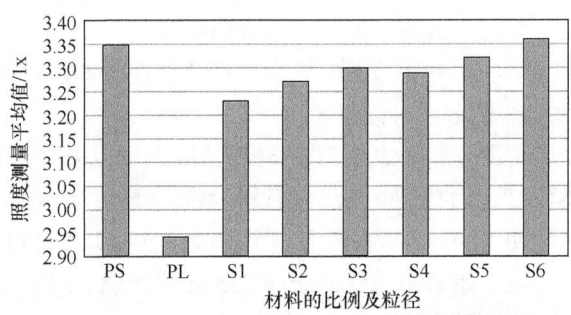

图 8-5 嵌入碎玻璃的沥青混凝土照度值比较图

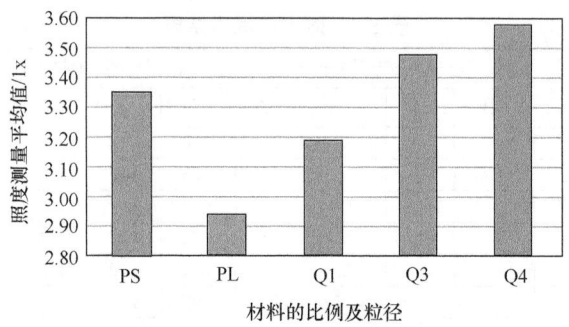

图 8-6 嵌入不同浅色石料的沥青混凝土照度值比较图

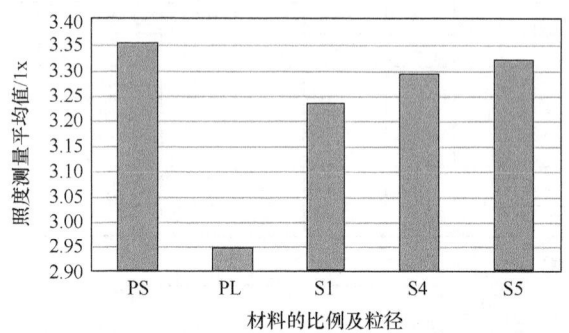

图 8-7 嵌入不同碎玻璃的沥青混凝土照度值比较图

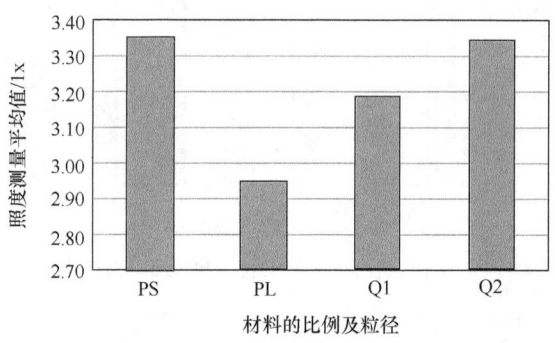

图 8-8 撒布量为 2.5kg/m² 不同粒径浅色石料的沥青混凝土照度值比较图

从表 8-7 和实验结果图，可以得知：

(1) 与普通沥青混凝土相比较，明色材料的嵌入可以有效地改善沥青混凝土照度，按照本实验所采用的比例(以浅色石料为例)，照度值改善最大的可以增加 21%，碎玻璃可以增加 14.4%。与水泥混凝土比较，嵌入明色材料对照度的提高并不明显，个别甚至不良，像撒布 2.5kg/m² 4.75mm 碎玻璃、2.5kg/m² 2.36mm 碎玻璃与水泥混凝土的照度值相差较大。

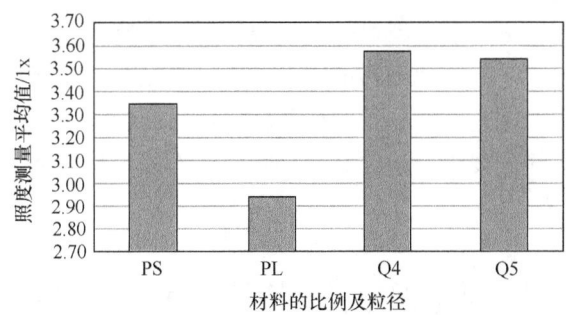

图 8-9 撒布量为 7.6kg/m² 不同粒径浅色石料的沥青混凝土照度值比较图

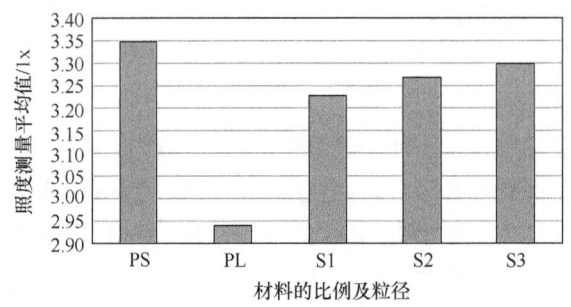

图 8-10 撒布量为 2.5kg/m² 不同粒径碎玻璃的沥青混凝土照度值比较图

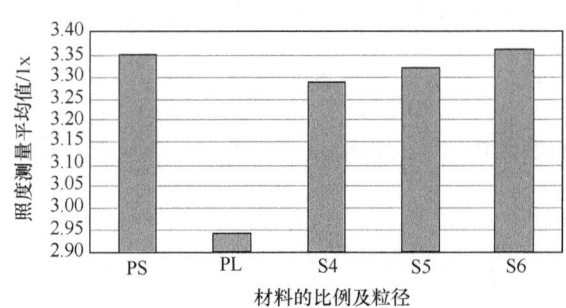

图 8-11 撒布量为 5.1kg/m² 不同粒径碎玻璃的沥青混凝土照度值比较图

(2) 同种明色材料随着撒布量的增加，反光效果有较大的提高。但是，针对浅色石料而言，随着撒布量的增加，照度增大的趋势减缓，这说明照度值不能随着撒布量的增加而无限制地增大，必然存在一个最大值，这也与实际情况是相符合的。

(3) 在同一撒布量下，明色材料的粒径大小对照度值的提高有影响。粒径小的，照度值增加较大。这从撒布量为 2.5kg/m² 粒径为 4.75mm 和 9.5mm 的浅色石料，以及撒布量为 2.5kg/m² 粒径为 1.18mm、2.36mm 和 4.75mm 碎玻璃照度测量值可以看出来[51]。

明色路面除了明色性能优异，其路面路用性能还需进一步分析。嵌入明色材料后的混合料与普通沥青混合料比较，高温稳定性、抗滑性略有降低，但数值符合我国现行规范的要求；浅色石料的明色路面较之光滑的玻璃与沥青有更好的黏结效果；总之，尽管明色路面的某些性能较之普通沥青混凝土路面有部分下降，但其仍符合道路应用的要求。加之其良好的明色作用，是完全可以应用于隧道路面当中的。

8.4 明色路面的应用及其节能分析

由前面的明色性能测试可以知道嵌入明色材料的沥青混凝土比普通沥青混凝土对照度值的改善分别为：浅色石料提高 18.36%，碎玻璃提高 12.92%(均选取撒布为 5.1kg/m² 时的照度值进行比较)。

在普通隧道照明中，大多使用高压钠灯照明，通常隧道中间段的距离最长，根据这种状况，我们对两种沥青路面使用的灯具数量进行比较。选择一条 1000m 长的单向双车道隧道，普通沥青路面每 10m 布置一组灯具(即左右各一个灯具)，灯具类型为高压钠灯，功率为 200W。

照度是用来表示被照面上光的强弱，以被照场所光通量的面积密度来表示。表面上一点的照度 E 是入射光通量 $\mathrm{d}\phi$ 与该面元面积 $\mathrm{d}A$ 之比，即

$$E = \frac{\mathrm{d}\phi}{\mathrm{d}A} \tag{8-1}$$

对任意大小的表面积 A，若入射光通量为 ϕ，则在表面积 A 上的平均照度 E 为

$$E = \frac{\phi}{A} \tag{8-2}$$

而一个光源所发出的光通量 ϕ 与光源消耗的电功率 P_i 及光效成正比，即其中光效即是发光效率的简称，如果光源是一定的，那么光效是不变化的。因此我们可以认为照度值的大小与光源的功率存在正比例的关系。按照明色路面的明色性能，我们可以计算得出相同照度的情况下，明色路面需要的灯具总功率。

取一条典型的 1000m 的单向双车道普通沥青路面隧道(洞外亮度取 3500cd/m²，设计速度为 80km/h)，根据照度、功率同比例计算，1000m 隧道基本段的灯具的总功率比较如表 8-8 所示。

表 8-8 基本段灯具总功率表

名称	数量/个	功率/W	总功率/kW
普通沥青路面	200	200	40
明色路面(碎玻璃)	180	200	36
明色路面(浅色石料)	170	200	34

电费以 0.85 元/(kW·h)计，隧道灯每天需工作 24h，以隧道运营一年(每年以 365 天计)来比较其电费和用电量，如表 8-9 所示。

表 8-9 运营一年的电费和用电量比较表

名称	日耗电量/(kW·h)	年用电量/(kW·h)	年电费总额/元
普通沥青路面	960	350400	297840
明色路面(碎玻璃)	864	315360	268056
明色路面(浅色石料)	816	297840	253164

一条典型的 1000m 的单向双车道普通沥青路面隧道(洞外亮度取 3500cd/m^2，设计速度为 80km/h)出入口照明灯具的加强照明功率为 32kW，可估算，1000m 采用浅色石料的明色路面隧道加强照明功率降低至 26.57kW，1000m 碎玻璃的明色路面隧道加强照明功率降低至 28kW。加强段照明开灯时间按一天的 60%可估算，1000m 的明色路面(碎玻璃)单向双车道隧道(单洞)一年可节约用电 5.6 万 kW·h，节约电费 4.76 万元；1000m 明色路面(浅色石料)单向双车道隧道(单洞)一年可节约用电 8.04 万 kW·h，节约电费 6.83 万元。

一条典型的 500m 单向双车道城市隧道(洞外亮度取 3500cd/m^2，设计速度为 80km/h)按上述估算方法，根据《公路隧道照明设计细则》(JTG/T D70/2-01—2014)规定，若洞外亮度与上述 1000m 隧道亮度一致，隧道特点一致，长度 300m<L≤500m 的隧道的入口段的亮度宜按 1000m 入口段亮度计算值的 50%取值，过渡段亮度按渐变递减原则，过渡段亮度为该隧道入口段亮度乘以折减系数的数值，加强段照明亮度指标降低了一半，即加强段照明功率同比例降低。得到 500m 明色路面(碎玻璃)隧道的全线照明总功率降低至 46kW，隧道出入口开灯时间按 60%计算，该隧道(单洞)一年可节约 2.8 万 kW·h，电费按 0.85 元/(kW·h)计算，节约电费 2.4 万元；500m 明色路面(浅色石料)该隧道(单洞)一年可节约用电 4.05 万 kW·h，电费按 0.85 元/(kW·h)计算，节约电费 3.4 万元。

一条典型的 300m 单向双车道城市隧道(洞外亮度取 3500cd/m^2，设计速度为 80km/h)按上述估算方法，根据《公路隧道照明设计细则》(JTG/T D70/2-01—2014)

规定，若洞外亮度与上述1000m隧道亮度一致，隧道特点一致，长度200m<L≤300m的隧道的入口段的亮度宜按1000m入口段亮度计算值的20%取值，过渡段亮度按渐变递减原则，过渡段亮度为该隧道入口段亮度乘以折减系数的数值，加强段照明亮度指标可认为降低至20%，即加强段照明功率同比例降低。得到明色路面(碎玻璃)隧道(单洞)一年可节约用电1.5万kW·h，电费按0.85元/(kW·h)计算，节约电费1.28万元；明色路面(浅色石料)该隧道一年可节约用电2.1万kW·h，电费按0.85元/(kW·h)计算，节约电费1.8万元。

根据上述分析可知，明色路面的应用在隧道节能设计中具有很大的经济效益。

第 9 章 隧道照明节能工程实例

9.1 南京长江隧道

9.1.1 工程概况

南京长江隧道是江苏省南京市城市总体规划确定的"五桥一隧"过江通道中的城市过江隧道工程，是国内地质条件最为复杂的跨江隧道，工程位于南京长江大桥与三桥之间，连接南京市浦口区—江心洲—主城区，用"西隧东桥"方式，分别穿越长江主航道和夹江，如图 9-1 所示。设计为双向六车道、80km/h 的城市快速通道。工程全长 5853m，其中隧道长度 3790m(盾构段长度 3020m)，采用盾构法施工，盾构直径 14.93m。项目于 2005 年 3 月获得国家发展和改革委员会核准并开工奠基，2005 年 9 月 30 日开始施工，2009 年 8 月 22 日实现全线贯通，2010 年 5 月 1 日全线建成。该项目的建成，对于改变长江原有单一的桥梁过江交通方式，缓解南京市跨江交通压力、促进沿江大开发，具有十分重要的意义。长江隧道于 2010 年 5 月 28 日正式通车试运营，通车初期，日均通行量只有 8000 辆，截至 2012 年 6 月底，日均通行量接近 3 万辆，呈稳步增长态势。

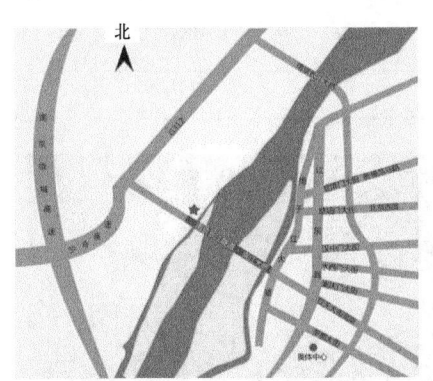

图 9-1 南京长江隧道位置图

9.1.2 照明设计方案

南京长江隧道照明设计依据《公路隧道通风照明设计规范》(JTJ 026.1—1999)，照明指标相对较高，隧道照明指标取值如表 9-1 所示。

表 9-1　隧道照明设计指标统计表

标准	入口段	过渡段 1	过渡段 2	过渡段 3	中间段	出口段
晴天	175	52.5	17.5	6.2	4.52	22.2
云天	87.5	26.3	8.8	4.52	4.52	22.2
阴天	44	13.1	4.52	4.52	4.52	22.2
重阴天	23	6.9	4.52	4.52	4.52	22.2
夜间	4.52	4.52	4.52	4.52	4.52	4.52
深夜	2.26	2.26	2.26	2.26	2.26	2.26
应急	0.57	0.57	0.57	0.57	0.57	0.57

结合隧道照明亮度指标和隧道断面尺寸，对隧道照明灯具进行配置，加强照明采用高压钠灯，基本照明选用荧光灯，具体配置如表 9-2 所示，隧道基本照明模拟及灯具安装后照明效果如图 9-2 所示。

表 9-2　隧道照明具体配置表

项目	隧道基本照明	隧道入口段加强照明	隧道过渡段 1 加强照明	隧道过渡段 2 加强照明	隧道过渡段 3 加强照明	出口段加强照明
灯具配置	2X58W	400W	400W	250W	100W	400W
单灯额定功率W	116	400	400	250	100	400
单灯运行功耗W	121.8	420	420	262.5	105	420
灯具型号	T8 荧光灯	高压钠灯				

图 9-2　隧道照明模拟效果及实际照明效果图

9.1.3　照明质量的影响因素分析

从驾驶人视觉特征角度考虑，亮度、频闪效应、路面亮度及均匀度等都是影响隧道照明质量的主要因素。现代社会，人们服务意识普遍增强，而隧道公司往往为了减少运营成本，采用隧道内少开灯、甚至不开灯的做法，严重影响了驾驶人视觉环境，无法保证舒适安全的行车环境，与安全节能的服务意识相违背。

1. 亮度

视觉通过物体在视网膜成像形成，而适宜的亮度是视觉形成的基本条件。隧道照明亮度好不仅可以提高安全性，而且也影响驾驶人心理，增加其心理安全感。但照明标准的选取还要考虑节能的目的，目前，很多设计人员为了降低风险，隧道照明设计中往往取标准上限，造成资源的浪费，这是不允许的。公路运营初期往往交通量小、收益小，运营管理者为了降低运营成本，又会采用少开灯，夜间不开灯等方式，危机交通安全，这也是不良做法。

隧道内若照明亮度低，但是较高的车速和隧道特殊的管状特征，又使得驾驶人视界变窄，从而无法辨清近处物体，产生了所谓的"运动效应"。同时夜间中间照明少开或不开，又易引发"墙效应"。由于这两种效应的叠加，又带来了巨大的安全隐患。所以，基于驾驶人视觉特征，要确保隧道行车的安全，又要减少交通事故的发生，首先必须保证隧道照明的亮度。

2. 路面亮度及均匀度

沿隧道路面中线隧道照明系统分为接近段、入口段、过渡段和基本段，适应驾驶人视觉特征，各段白天所要求的路面亮度变化曲线如图9-3所示。

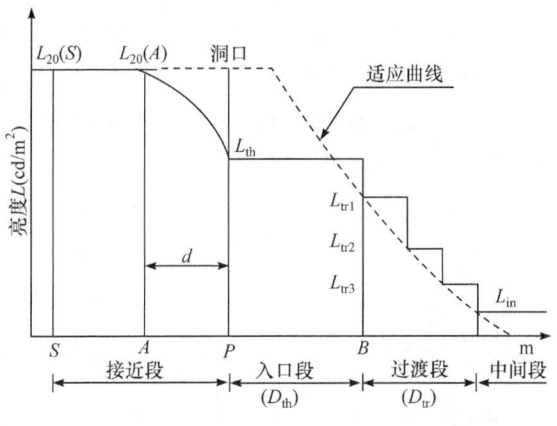

图9-3 路面亮度变化曲线

路面亮度和均匀度是否良好是衡量隧道照明质量的两个关键因素。确保驾驶人的能见度在安全范围，因此必须意识到路面最小亮度和平均亮度的比值应不超过合理范围，并且纵向均匀度也必须与交通量变化相适应。分析得出此现象的原因是隧道内连续的路面(墙面)的忽明忽暗变化严重干扰驾驶人视野，易产生"斑马效应"。而长大隧道行车时，驾驶人又会产生视觉疲劳，感知能力下降，带来安全隐患。

我国高速公路建设近年来发展迅猛，而隧道照明设计缺乏完善的仿真软件，并且设计单位常采用工程类比法对隧道的照明进行设计，缺乏考虑各个隧道所处的地理环境等实际情况，导致隧道照明设计参数往往超出实际需求。运营部门又为了节能等指标考核达标，就少开、隔开照明灯具，导致路面均匀度较差，加重了"斑马效应"，增加驾驶人员视觉疲劳，引发安全事故。因此，从提供良好行车环境确保行车安全和节能降耗的角度出发，设计者和营运管理部门应采用先进的节能技术。

3. 闪烁

实验显示：如果沿隧道轴线布置在隧道顶的灯具不连续安装，那么驾驶人的眼睛中就会产生闪烁现象。闪烁的产生来源有两个，一是灯具本身产生光闪烁，二是灯具在一些明亮的表面会反射，从而形成闪烁。闪烁对驾驶人的干扰程度受以下因素影响：

(1) 在一个单循环内的亮度差；

(2) 闪烁频率；

(3) 闪烁时间的长短。

其中，第一个因素受制于灯具特性，后两个因素受制于车速、隧道长度和灯具安装间距。

一般而言，小于 2.5Hz、大于 15Hz 的闪烁可忽略不计。由图 9-4 可得出可能产生闪烁的灯具安装间距。分析时将灯具安装间距作为行车速度的函数，将隧道长度作为参数，由于不同长度隧道所禁止的闪烁频率区间不同，则限制区随隧道长度变化，但均包含在 2.5～15Hz 范围内。

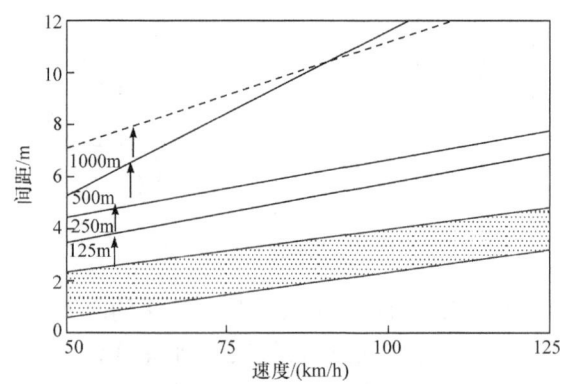

图 9-4　隧道照明禁止的灯具安装间距(阴影部分)

闪烁现象严重影响驾驶人的视觉功能,极易引发交通事故。但由于受限于我国照明厂家的技术和隧道交通诱导需要的灯具对称布置,闪光的频率要求难以达到。因此,从交通安全角度,应采用高效节能的照明灯具和控制方式,减弱闪光效应。

9.1.4 照明能耗分析

实验根据交通仿真得到的交通参数分别计算出几种控制方案下的亮度需求,再通过换算得出隧道内的能耗。通过软件分析,能够方便地得出在相同的隧道参数条件下,几种控制方案的能耗以及相对于根据天气分级的人工控制方案的节能百分比。能耗监测主要实现长江隧道整体能耗状况的监测、统计和展示,系统以长江隧道的历史能耗数据为依据结合隧道能耗设备的实际运行情况,推算出隧道设备的能耗情况,这些数据被送入系统的数据处理子系统后,或经过整理修正,或经过简单运算,最后在人机界面被客观地加以展示。此功能模块同时也具备报表输出功能,即将展示的能耗数据以数据表格形式输出,满足用户的其他离线工作需求,隧道照明能耗分析如图 9-5 所示。

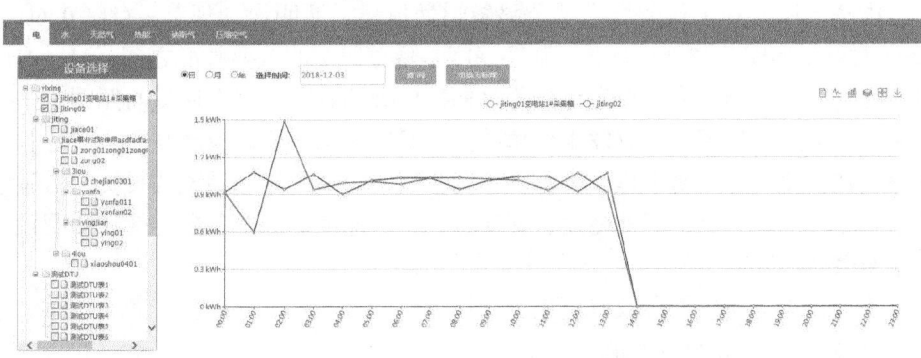

图 9-5 隧道照明能耗分析界面

9.2 南京中央商务区隧道

9.2.1 工程概况

南京横江大道中央商务区隧道是位于南京市江北新区横江大道纬三路至城南河路段的一座隧道。该隧道道路等级为城市快速路,车道数为双向六车道,设计速度为 80km/h,路面材料为黑色沥青路面。隧道规模如表 9-3 所示。

表 9-3 中央商务区隧道设置一览表

名称		敞开段		暗埋段		敞开段		合计
中央商务区隧道	桩号/m	K5+130	K5+305	K5+305	K7+350	K7+350	K7+600	2470
	长度/m	175		2045		250		
匝道	桩号/m	K6+660	K6+796	K6+796	K7+069.56	接主线隧道		409.56
	长度/m	136		273.56				

注：里程及长度单位以 m 计。

9.2.2 照明设计方案

1. 设计依据及设计标准

本项目为城市隧道，隧道进出口与现有城市道路衔接，隧道照明设计主要参考依据(但不限于)为《公路隧道照明设计细则》(JTJ/T D70/2-01—2014)及《城市道路照明设计标准》(CJJ 45—2015)。

2. 照明设计参数取值的分析

中华人民共和国行业标准《公路隧道通风隧道照明设计规范》(JTJ 026.1—1999)对隧道照明有如下描述："洞外亮度是隧道照明的重要基准之一，洞口方位对洞外的亮度影响较大，在设计阶段之初，应做调查"、"交通量与照明水平关系密切。交通量越大，事故发生概率越高，对照明水平要求也越高"、"计算行车速度在公路隧道照明中是个极为敏感的参数，对整个照明系统的投资与营运电费影响较大"。可见，洞外亮度、交通量、行车速度这三个参数对隧道照明设计取值有着密切联系。

为此，对上述主要参数取值进行分析。

1) 关于交通量 N 的取值

以主线隧道中间段照明为例，就交通量而言，由于照明系统的分期实施有一定的难度，为保证隧道行车安全，以往大部分工程常常取用远景年限的交通量作为照明设计的依据，不考虑建成初期交通量较小的情况，这就造成了隧道建成初期时的资源浪费，另外远期的预测交通量(一般为 20 年)也可能与实际有很大差异，所以这种按远期交通量设计的照明系统对远期来讲也是不科学的。而现行规范对于不同交通量在照明亮度上的取值存在较大差异，这样按远期交通量设计的照明系统对近期而言不仅大大增加了投资规模，而且还大大增加了运营管理工作量。鉴于此，本次设计交通量取值按中期即 10 年期交通量，该交通量一般较远期交通量更符合实际，而且许多电气设备的寿命一般为十几年，取用该值也与电气设备的更换比较一致。如由于部分道路在建成后两三年交通量很小，则灯具光源可改为小功率光源，待交通量增大时再换用较大功率光源，这样就可以做到既节约了初期投资和运营电费，亦不至于增加后期运营管理工程量，是一种值得在工程中推广的做法。

通过上面的分析，N 取值不同，根据规范要求 L_{in} 取值也不同。N 取值大了，灯具数 S 增加、功率增大、间距相应减小，后期消耗电能也增加。因此，N 的取值应立足规范，合理取值很重要。

上面仅对隧道中间照明进行了分析，如果将入口照明、过渡照明等也纳入统计分析，会有很可观的节能经济效益。

2) 关于洞外亮度值 L_{20}

洞外亮度的选择是隧道照明的重要基准之一。一旦交通量确定后，洞外环境亮度的大小直接决定了入口段加强照明的设置规模。比如，对洞外环境亮度取 $5000cd/m^2$ 和 $3000cd/m^2$ 的隧道，后者加强照明的规模只有前者的 0.6 倍，节能效果非常明显，所以适当降低洞外环境亮度是有着非常现实的工程意义的，尤其是长隧道和中长隧道较多的路段，其加强照明的比例更高。现在在工程中采用较多的降低洞外环境亮度的方法主要有：采用削竹式洞门、设置遮光棚、用沥青路面代替混凝土路面等方法。本次设计洞外亮度根据洞门形式为端墙式洞门取值为 $3000cd/m^2$。

由于设计过程中，隧道洞口环境并不明确，所以按规范要求取值与后期隧道洞外亮度仍存在偏差。实际运行过程中，基于设计选择洞外亮度的基础上，采取调光措施保证隧道照明亮度与洞外亮度同步。

3) 行车速度 v

该参数设计与道路建设相关标准有关，故应按此参数来配置隧道照明，按规范选取对应隧道亮度。

3. 照明设计灯具布置方式选择及灯具光源的选型

1) 灯具布置方式选择

综合考虑工程的节能性、经济性及可操作性，照明灯具闪烁频率参照 Guide for the lighting of road tunnels and underpasses(CIE 88：2004)要求，避开频闪最严重区段：4～11Hz 的频率范围，即灯具布置闪烁频率低于 4Hz 或高于 11Hz。灯具两侧对称布置。

灯具布置方式一般分为灯具光带布置，如图 9-6(a)所示，以及灯具间隔布置，如图 9-6(b)所示。本项目灯具布置采用光带布置，此布置灯具采用间隔 6～9m 布置方式的比较优点在于照度均匀度高，不至于形成光斑效应，即灯下高亮，灯旁渐暗，离光源越远亮度越低。

(a) 灯具光带布置　　　　　　　　(b) 灯具间隔布置

图 9-6　隧道照明实景图

2) 灯具光源的选型

隧道照明宜选择光效高、使用寿命长、显色性好、瞬时再启动迅速、适应工作环境温度的光源。使用寿命不宜小于 10000h。

主洞基本照明灯具全部采用 LED 灯。

LED 灯具有光效高、光线质量好、光色纯、使用寿命长等特点，已广泛应用于公路隧道及桥梁照明。LED 灯点亮无延迟，响应时间更快，技能效果好，且能够通过无级调光控制，洞内亮度变化舒顺平缓，由于灯具密集，车辆没有暗影响。

主线加强照明考虑到钠灯穿透率比较强，本次设计加强照明灯具采用高压钠灯，在隧道进、出口段安装于隧道两侧。

4. 照明控制方式

考虑既要保证隧道的舒适度、亮度要求，又要充分节约能源、降低运行费用，隧道照明采用照明自动化控制、就地控制和远程控制三种控制模式。根据洞外环境亮度、交通量的变化，通过在隧道配电房内设置的 PLC 对隧道照明进行控制。照明回路控制，按照分级控制方式，根据照明回路按晴天、阴天、重阴天(及傍晚)、夜间 1、夜间 2 共 5 级进行控制。

晴天照明：基本照明灯具、加强照明灯具全开；

阴天照明：基本照明灯具全开，加强照明关闭一路 1/4 照明；

重阴天(及傍晚)照明：基本照明灯具全开，加强照明关闭两路 1/4 照明；

夜间 1：基本照明灯具和洞口引道照明灯具全开，加强照明灯具全部关闭；

夜间 2：基本照明灯具开启一半，加强照明灯具全部关闭。

照明的自动控制纳入综合监控系统统一考虑，由设在配电房的 PLC 控制器控制，并通过本地控制器上传信号或接受指令。

5. 照明设计成果

本项目照明设计系统配置方案如表 9-4 和表 9-5 所示。

表 9-4 中央商务区隧道主洞照明方案表

	项目	入口段 1	入口段 2	过渡段 1	过渡段 2	基本段	出口 1	出口 2
左洞	照明段亮度/(cd/m^2)	120	60	36	12	3.5	10.5	17.5
	照明段长度/m	54	54	84	90	L	30	30
	布灯方式	250W0.75m	250W1.5m	150W1m	70W1.5m	2*16W3m	150W3m	250W3m
右洞	照明段亮度/(cd/m^2)	120	60	36	12	3.5	10.5	17.5
	照明段长度/m	54	54	84	90	L	30	30
	布灯方式	250W0.75m	250W1.5m	150W1m	70W1.5m	30W3m	150W3m	250W3m

表 9-5 中央商务区隧道匝道照明方案表

项目	入口段 1	入口段 2	过渡段	基本段
照明段亮度/(cd/m^2)	36	18	10.8	1.5
照明段长度/m	18	12	30	L
布灯方式	70W0.75m	70W1.5m	70W3m	12W3m

9.2.3 照明模拟

可利用照明软件建模，模拟出本隧道的建筑环境，设定该道路模型的组件和尺寸，同时对道路的维护系数以及简化亮度系数表进行设置，并采用国内某品牌 24W 的 LED 隧道灯 ies 数据进行模拟，得出该段路面平均亮度为 3.6cd/m^2，均匀度为 0.49，纵向均匀度为 0.62，满足规范要求。模拟所得隧道路面直角照度分布图和隧道照明模拟照亮度分布图，分别如图 9-7 和图 9-8 所示。

设计的三个观点：一是设计应立足规范，联系实际，合理取值是隧道照明节能的根本；二是设计取值过高会带来初期投资成本的增加，如后期再不采取调光

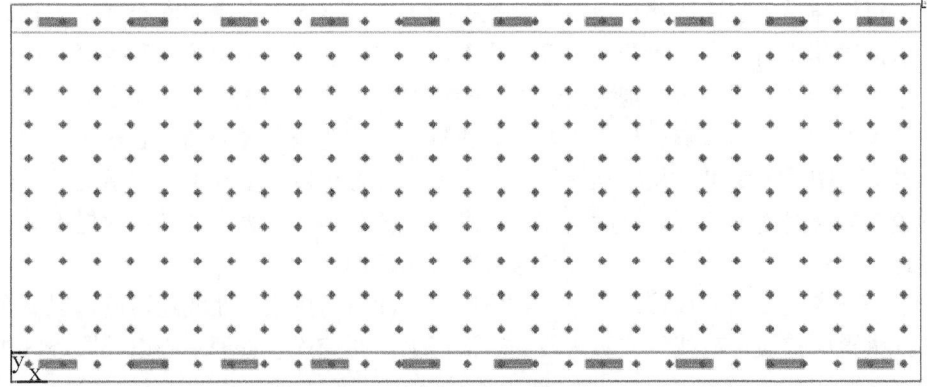

图 9-7 隧道路面直角照度分布图

措施，亦会增加后期运营管理费用，加大电能的消耗；三是应采用合理的调光措施，进一步达到隧道照明科学合理、经济安全、利用高效的目的，真正实现显著的节能效果。

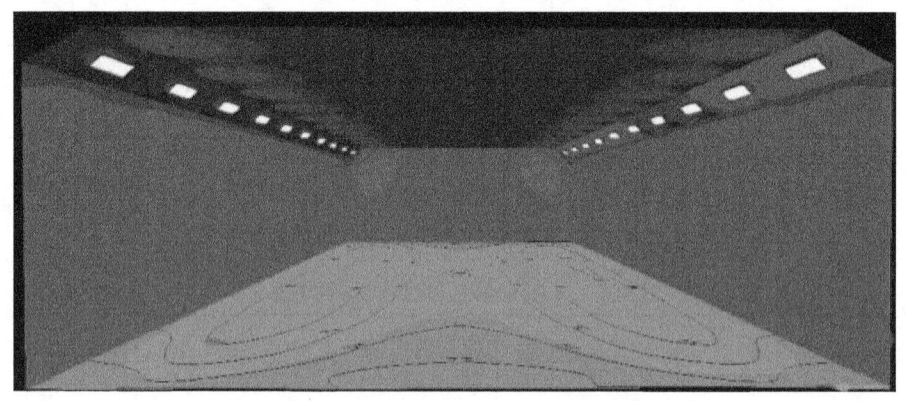

图 9-8　隧道照明模拟照亮度分布图

9.3　南京定淮门长江隧道

9.3.1　工程概况

南京定淮门长江隧道根据过江交通量及主流向分布情况，设计采用双管双层盾构、南北线隧道分离布置的方案，盾构外径为 14.5m，内径为 13.3m，设计车速为 80km/h，上、下层均为两车道，对向布置，上层均为江北至江南方向，下层均为江南至江北方向。南北两条单管隧道均具有独立的交通功能，北线隧道直接与扬子江大道顺接，主要承担扬子江大道与浦口间的交通联系；南线隧道直接与定淮门大街顺接，主要承担纬三路的直行交通。

过江通道起于浦珠路与定向河交叉点附近，沿定向河东岸向南布置，与规划丰子河路相交后设主线收费站。经过收费站后路线左偏，在明挖段利用弯道进行平纵线形转换，将车流分别引入北南线隧道双层盾构。路线向北避开定向河口的主江深槽后，北南线隧道分离布置。北线隧道继续左偏穿过潜洲后右偏避开夹江秦淮河口附近的深槽，从秦淮河口上游上岸，隧道出口位于扬子江大道上；南线隧道右偏穿过潜洲、江心洲后左偏在定淮门大街和扬子江大道交叉点附近上岸，隧道出口位于定淮门大街上。过江通道路线示意图如图 9-9 所示。

该通道主要由浦口接线道路、收费广场、浦口明挖段、北线隧道盾构段、扬子江大道明挖段、南线隧道盾构段、定淮门大街明挖段、管理中心以及服务区组成。盾构段根据功能北线隧道命名为北线隧道，在江南与扬子江大道衔接，长

第9章 隧道照明节能工程实例

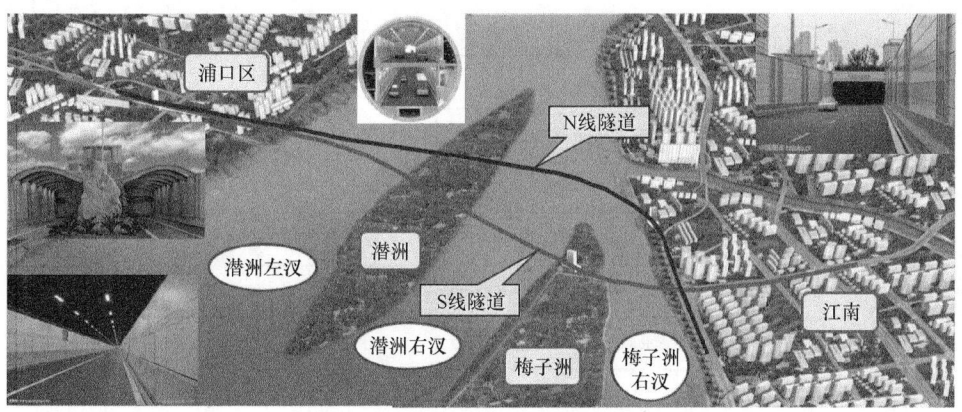

图 9-9 南京定淮门长江隧道示意图

3688m；南线隧道命名为南线隧道，在江南与定淮门大街衔接，长 3995m。浦口明挖段长 565m，实现北线隧道与南线隧道上下层车道的转换；江南扬子江大道明挖段长 740m，定淮门大街明挖段长 730m，分别实现北线隧道、南线隧道与扬子江大道、定淮门大街的顺接。为减少通风对海德卫城及周边建筑的影响，南线隧道在江心洲上设通风塔。各分段在北南线隧道中的长度分布如表 9-6 和表 9-7 所示。

表 9-6 北线隧道分段长度表

结构形式	里程	长度/m	备注
江北敞开段(U 形)	LK3+010~LK3+085	75	
江北明挖暗埋段	LK3+085~LK3+550	465	
江北工作井	LK3+550~LK3+572	22	
主江盾构段	LK3+572~LK7+260	3688	双层四车道，直径 14.5m
江南工作井(主线)	LK7+260~LK7+280	20	开挖深度约 30m
江南明挖暗埋段	LK7+280~LK7+810	530	
江南敞开段(U 形)	LK7+810~LK8+000	190	
合计	隧道长度	4725	
	隧道建筑长度	4990	含敞开段

表 9-7 南线隧道分段长度表

结构形式	里程	长度/m	备注
江北敞开段(U 形)	RK3+010~RK3+085	75	
江北明挖暗埋段	RK3+085~RK3+550	468	

续表

结构形式	里程	长度/m	备注
江北工作井	RK3+553～RK3+575	22	
主江盾构段	RK3+575～RK6+778	3203	双层四车道，直径14.5m
江心洲中间风井	RK6+778～RK6+800	22	
夹江盾构段	RK6+800～RK7+570	770	双层四车道，直径14.5m
江南工作井(主线)	RK7+570～RK7+590	20	
江南明挖暗埋段	RK7+590～RK8+170	580	
江南敞开段(U形)	RK8+170～RK8+300	130	
合计	隧道长度	5085	
	隧道建筑长度	5290	含敞开段

定淮门长江隧道建筑长度内北南线隧道最大纵坡均为4.5%，北线隧道最小纵坡为0.8%，南线隧道最小纵坡为0.65%。北南线隧道纵断面如图9-10所示。

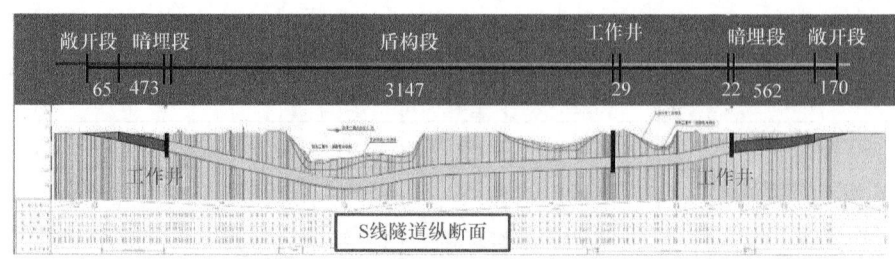

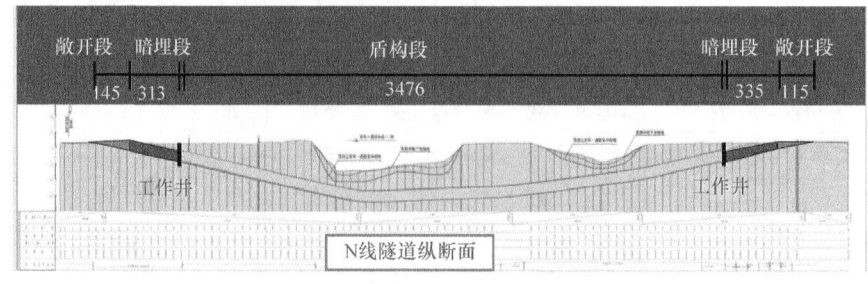

图9-10 隧道纵断面图(单位：m)

隧道采用双管双层建设，上下层各布置两条车道，每管隧道内共布置四条车道。盾构段直径14.5m，内径13.3m，衬砌厚度0.60m，为保证火灾情况下隧道内司乘人员的安全，在盾构段(圆形隧道)断面左侧设置了兼顾上下层的专门排烟道，盾构段上层行车道断面积 46.66m²，下层行车道断面积 48.61m²；明挖段横断面为矩形断面，上下层行车道断面积均为 49.98m²。盾构段圆形隧道和明挖段矩形隧道建筑限界相同，即车道的宽度取 3.50m，路缘带度 0.5m，侧向宽 0.25m，限界高度 4.5m。根据隧道内排水需要，路面设置"人"字横坡，坡度为 1.0%。隧道盾构段和明挖段横截面以及建筑限界图如图 9-11 所示。

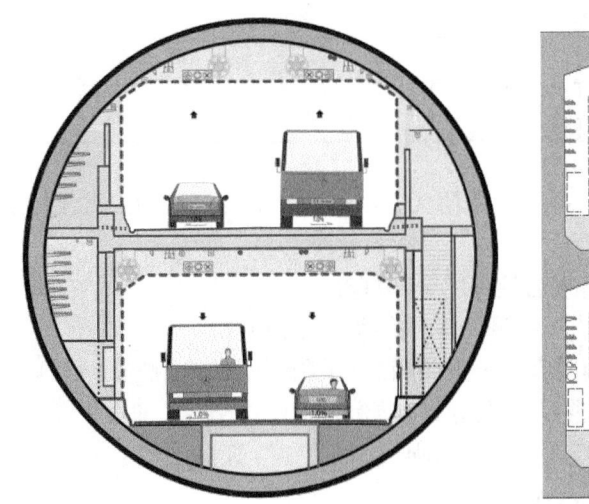 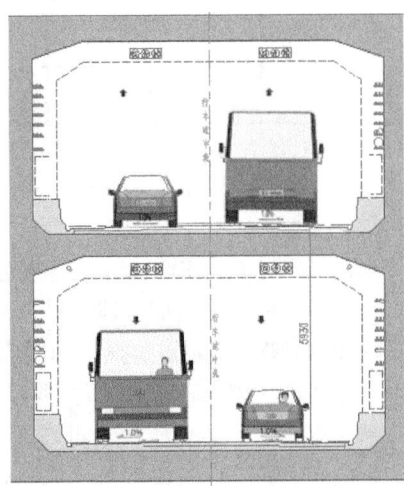

图 9-11　隧道盾构段横断面图

9.3.2　照明设计方案

本项目隧道设计车速 80km/h，照明设计主要依据《公路隧道照明通风设计规范》(JTJ 026.1—1999)，晴天白天隧道洞口处环境亮度计算取值按 4000cd/m² 考虑，在此基础上进行亮度计算和灯具布置，出入口处加强照明采用高压钠灯，主洞基本照明灯具采用 LED 灯，在隧道两侧对称布置。

各段亮度分布为：
第 1 段(入口段)：照明设计亮度为 140cd/m²；
第 2 段(过滤 1 段)：照明设计亮度为 42cd/m²；
第 3 段(过渡 2 段)：照明设计亮度为 14cd/m²；
第 4 段(基本段)：照明设计亮度为 4.5cd/m²；
第 5 段(出口段)：照明设计亮度为 22.5cd/m²。
入口段亮度均匀度 0.8，基本段亮度均匀度 0.4。
以北线上层隧道为例，灯具布置方案如表 9-8 所示。

表 9-8 原设计灯具布置方案

项目	长度/m	灯具类型	型号功率/W	数量/套						用电功率/kW	
				入口段	过渡段1	过渡段2	基本段	出口段	合计	合计	总计
隧道北线上层	4245	高压钠灯	250	142					142	36	112
		高压钠灯	150		48				48	7	
		高压钠灯	100			64		40	104	10	
		LED 灯	42	29	24	33	1308	19	1413	59	

照明控制按照晴天、云天、阴天、重阴天、晚上和夜间(24 时之后)六级控制方式。

晴天照明(L_{20}=4000cd/m^2)：接通隧道内全部灯具。

云天照明：关闭加强段内晴天照明灯具(关闭加强 1 灯具)。

阴天(傍晚)：关闭加强段内晴天、云天照明灯具(关闭加强 1、加强 2 灯具)。

重阴天：关闭晴天、云天、阴天照明灯具(关闭加强 1、加强 2、加强 3 灯具)。

晚上照明：保留基本照明灯具。(关闭加强 1、2、3、4 灯具)

夜间照明：关闭单侧基本照明灯具。

后半夜照明关闭其中约一半的基本照明灯具，实现节能。

照明的自动控制纳入综合监控系统统一考虑，由设在现场的 PLC 控制器控制，并通过本地控制器上传信号或接受指令。

9.3.3 照明优化设计及其节能分析

结合项目自身结构、环境特点，对隧道北线上层隧道进行照明节能优化设计，方案如表 9-9 所示。

表 9-9 照明优化设计方案一览表

序号	原设计方案	优化方案
1	传统隧道照明分段方法	设置洞口遮光棚，采用照明五段式划分
2	加强照明采用高压钠灯	采用 LED 灯具
3	入口段、过渡段、出口段全部设置加强照明灯具	出、入口段 30m 范围，结合路面绿化设置导光管，取消加强照明灯具

9.3.4 照明分段方案优化设计

设置遮光棚，并将隧道照明分段方案优化为针对城市隧道的五段式照明分段方案,将隧道照明划分为入口减光段照明、入口过渡段照明、中间段照明、出口过渡段照明以及出口减光段照明。隧道照明区段构成如图9-12所示。

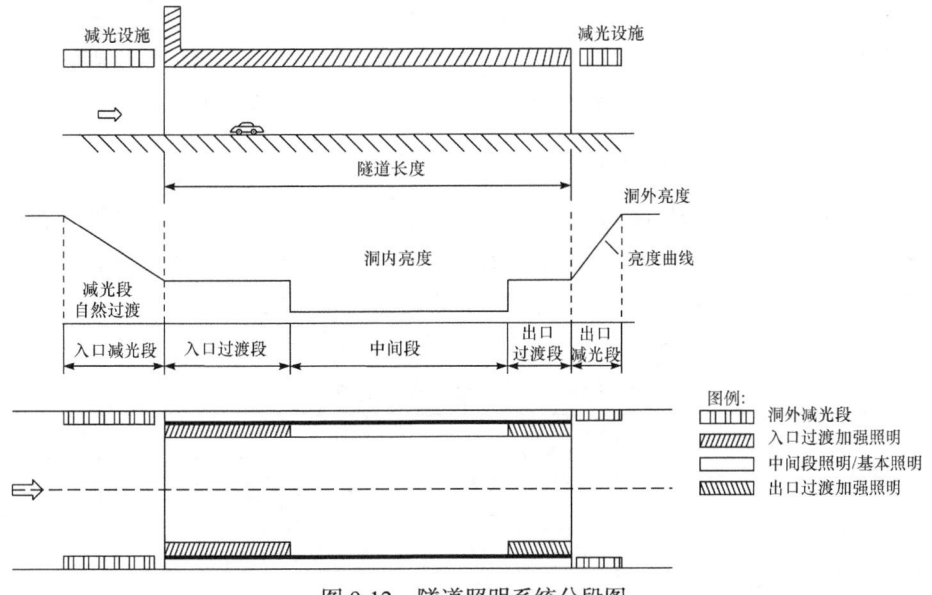

图9-12 隧道照明系统分段图

采用五段式照明方式优化设计后,可降低过渡段长度及亮度指标,中间段亮度指标从 4.5cd/m² 降为 2.5cd/m²,从而实现节能效果。

优化后各段亮度分布如下。

第1段(入口减光段):照明亮度为140cd/m²;

第2段(入口过渡段):照明设计亮度为25cd/m²,设计长度为112m(一个停车视距);

第3段(中间段):照明设计亮度为2.5cd/m²,设计长度为4021m;

第4段(出口过渡段):照明设计亮度为12.5cd/m²,设计长度为112m(一个停车视距);

第5段(出口减光段):照明亮度为25cd/m²。

入口段亮度均匀度0.8,基本段亮度均匀度0.4。

1. 照明灯具选型优化设计

以北线上层隧道为例,原设计中,加强照明共设置250W高压钠灯142盏,150W高压钠灯48盏,100W高压钠灯104盏,合计功率53kW。将本隧道高压钠灯全部替换为LED光源,可大幅度减少加强照明灯具功率,优化设计后耗电量可节约10%以上。

2. 导光管设计

北线上层隧道可考虑设置导光管，减少加强照明灯具安装投资以及相关用电能耗。北线上层隧道原设计250W高压钠灯142盏，150W高压钠灯48盏，100W高压钠灯104盏，合计功率53kW。结合隧址道路条件，入口及出口洞口附近30m范围内设置导光管，本隧道增设光导管约22套，同时减少加强照明灯具约40套。

3. 隧道照明优化设计方案

综上所述，以扬子江隧道北线上层隧道为例，可将原设计方案中的照明分段方案优化为基于城市隧道的五段式照明分段方案，并基于隧址道路条件，增设导光管系统替换部分加强照明灯具，同时将剩余加强照明用高压钠灯替换为更为高效、节能的LED灯具。优化设计后灯具布置方案如表9-10所示。

表9-10 优化设计灯具布置方案

项目	长度/m	灯具类型	型号功率/W	数量/套 入口过渡段	基本段	出口过渡段	合计	用电功率/kW 合计	总计
扬子江隧道北线上层	4245	LED灯	100	54	—	—	54	5	57
		LED灯	80	—	—	54	54	4	
		LED灯	25	48	1786	48	1882	47	

9.3.5 照明系统的节能对比分析

以北线上层隧道为例，经优化设计，隧道照明采用城市隧道五段式分段设计，降低了隧道过渡段长度和亮度指标，中间段亮度指标从 $4.5cd/m^2$ 降为 $2.5cd/m^2$；同时增设导光管系统替换部分加强照明灯具，同时将剩余加强照明用高压钠灯替换为更为高效、节能的LED灯具。优化设计后隧道照明节能效果对比分析如表9-11所示。

表9-11 隧道照明优化设计方案节能效果分析(以北线上层隧道为例)

主要经济技术指标	单位	原设计方案	优化设计方案
照明分段方案	—	公路隧道照明分段方式	城市隧道照明五段式分段方案
灯具选型	—	高压钠灯+LED灯	LED灯
加强照明功率	kW	53	10
基本照明功率	kW	59	47
年耗电量	kW·h	798965	463246
年运营电费	万元	64	37

其中电费按 0.8 元/(kW·h)计算，基本照明灯具开灯时间按全天 24h、加强照明灯具开灯时间按一天的 60%估算。优化照明设计后，扬子江隧道北线上层隧道每年可节约电量约 33.5 万 kW·h，节约电费约占原年照明运营电费的 40%。

9.4 上海长江隧道

9.4.1 工程概况

上海长江隧桥(崇明越江通道)工程位于上海东北部长江口南港、北港水域，是我国长江口一项特大型交通基础设施项目，也是上海至西安高速公路的重要组成部分。该工程起于上海浦东新区的五号沟，经长兴岛到达崇明县的陈家镇，全长 25.5km。其中穿越长江的隧道全长 8.95km，按照双向六车道高速公路设计，时速 80km/h，如图 9-13 所示。该隧道工程具有三最：盾构机直径 15.43m，隧道外径 15 m，隧道内径约 13.7m，是目前世界上最大的盾构隧道；一次性掘进 7.5km，是目前世界上泥水盾构连续施工最长的工程；隧道最深点在最高历史水位下约 55m。

图 9-13 上海长江隧道

9.4.2 照明设计方案

长江隧道洞口设有遮光棚，如图 9-14 所示。隧道洞外亮度南洞口(浦东侧)为 4000cd/m²，北洞口(长兴岛侧)为 5000cd/m²，隧道内分段长度及路面亮度指标如表 9-12 所示。

表 9-12 隧道内分段长度及路面亮度指标

照明区段	长度/m	平均亮度/(cd/m²)	
		浦东侧	长兴岛侧
入口段	101	105	131.3
过渡段 1	72	31.5	39.4

续表

照明区段	长度/m	平均亮度/(cd/m²)	
		浦东侧	长兴岛侧
过渡段2	89	10.5	13.1
过渡段3	101	3.7	4.6
中间段	8100	4.5	
出口段	60	22.5	

隧道建设时期，隧道照明光源主要以高压钠灯为主，LED灯在国内隧道使用技术暂不成熟，同时考虑隧道运营能耗问题，项目成立LED灯在隧道应用的课题研究，并通过灯具性能测试、现场测试，并从可行性、合理性、经济性等方面分析，选用LED灯作为隧道照明光源。

隧道照明光源配置通过工程计算、照明软件模拟和现场安装实测方式，确定隧道照明灯具配置方案。根据其光源特点，隧道路面各项均匀度最好在0.9以上。长江隧道内部照明实景图如图9-15所示。

图9-14　隧道遮光棚实景图

图9-15　隧道照明实景图

9.4.3　新光源应用分析

本工程中率先将LED应用于长大隧道功能照明，隧道内照明效果优良，照度160.36lx路面总均匀度达到了0.94；照明节电达到了30.3%(与TS荧光灯比)；视觉评估受访对象普遍认为本隧道的照明质量良好，提供的安全性和舒适性较好。

本工程中LED照明方案的探索、检测、验证、优化直至成功运用，为LED隧道照明的推广起到了标志性的示范作用。随着国家基础建设的发展和节能减排要求的推广，LED隧道照明应用必将得到更广阔的发展。目前，已有多条在建的长大隧道拟采用LED照明。

但由于目前LED功能照明应用还处于起步阶段，技术尚未完全成熟，市场产品良莠不齐。因此对于大规模的推广应用，需要进行专业的测试筛选和评估，需要技术专家对生产厂家的技术和工艺进行改进指导和帮助，同时也需要相关单位之间的协调与配合。

9.5 扬子江路隧道

9.5.1 项目概况

扬州市城市南部快速通道建设工程位于扬州市邗江区，线路西起 328 国道与沪陕高速交叉口，东至扬子江中路，快速通道以隧道形式下穿邗江路、维扬路和扬子江中路。线路全长约 8.4km，按城市快速路标准建设，设计车速 80km/h，双向六车道。

扬州市城市南部快速通道以隧道形式下穿邗江路、维扬路和扬子江中路。按城市快速路标准建设，设计车速 80km/h，双向六车道。其中，扬子江路隧道下穿扬子江路，隧道全长 1150m，暗埋段长度 770m，隧道位置分布如图 9-16 所示。

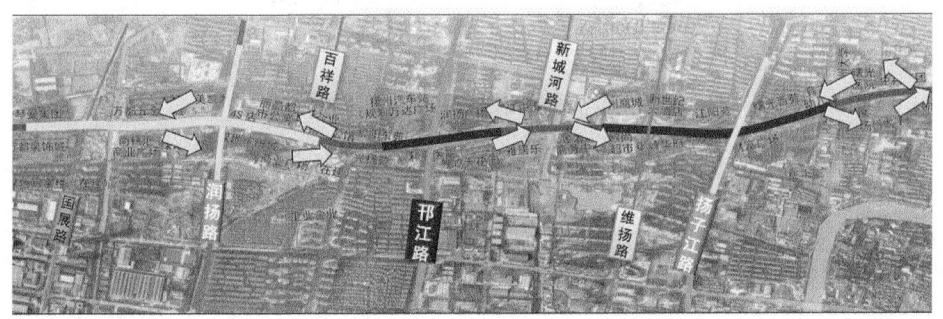

图 9-16 扬子江路隧道位置分布图

9.5.2 照明设计方案

扬子江路隧道出入口均设置了遮光棚，洞口亮度按 50%折减，即隧道内入口段加强照明亮度指标也在原基础上折减 50%。

考虑到节能减排等因素，该隧道加强照明与基本照明均选用隧道专用 LED 灯，光源色温不低于 4000K，LED 灯光源发光效率不低于 110lm/W，整光光效不低于 100lm/W，灯具寿命不低于 50000h。隧道照明灯具安装在隧道顶板，两侧对称布置。

隧道照明配电柜内安装调光模块采用全分布式智能照明控制系统对隧道内部的灯光进行智能化控制。本系统可对 LED 灯可调光电子镇流器输出 0～5V 控制信号，通过洞外亮度检测仪测得的照明亮度作为参数输入量，来调节灯具的功率，从而连续无级地调节 LED 灯具亮度,对隧道的照明按实时洞外照度和交通量补偿控制进行无级调光,使隧道内部的照明在任何时候都保持均匀舒适的照度;LED 灯在调光时不会产生滚动或频闪现象,从而消除了行车的安全隐患。本控制系统可采用远程控制,可以通过双绞线(光纤)组网并传送控制信号实现远程控制。

隧道出入口均设置了遮阳棚,如图 9-17、图 9-18 所示,遮光棚长度为 20m,将部分入口减光段长度由隧道加强照明实现,则隧道遮光棚起点亮度指标为 500cd/m²,经计算隧道内照明亮度及照明方案如表 9-13 所示。

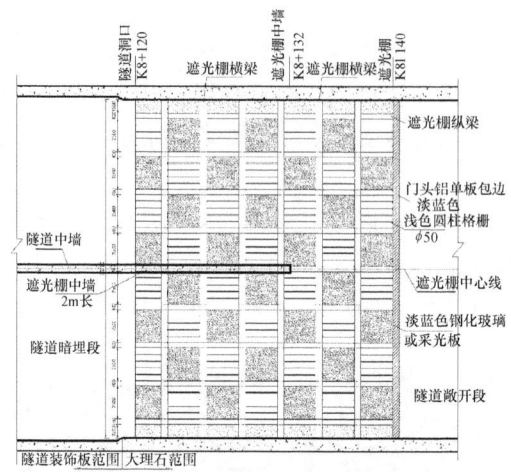

图 9-17 扬子江路隧道遮光棚设计图

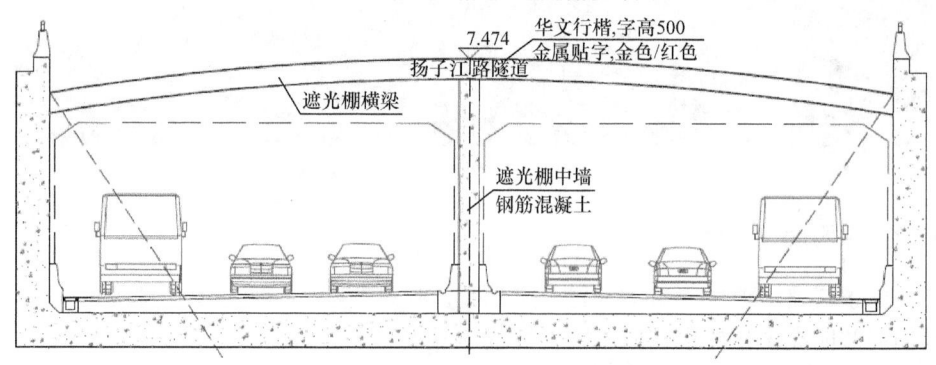

图 9-18 扬子江路隧道遮光棚断面图

表 9-13 隧道新照明亮度及照明方案表

照明段	入口减光段 1	入口减光段 2	入口过渡段	基本段	出口过渡段	出口减光段
亮度/(cd/m²)	53.0	26.25	7.875	2.5	7.5	12.5
长度	20	40	70	530	40	20
布灯方案	50W 10m	160W 2.5m	100W 5m	50W 10m	50W 5m	50W 10m

隧道照明采用 LED 灯，灯具采用两侧对称或交错布置。基本照明均为 50W 隧道专用 LED 灯，全隧道贯通布置，布设间距为 10m；入口减光段 1 加强照明采用减光设施，入口减光段段 2 为 160W 的 LED 灯、间距 2.5m；入口过渡段为 100W 的 LED 灯、间距 5m；出口过渡段为 50W 的 LED 灯、间距为 5m，出口减光段为 50W 的 LED 灯、间距为 10m。

隧道加强照明灯具总功率为 10.5kW，基本照明灯具总功率为 15.2kW。

9.5.3 照明能耗分析

1. 投资造价

在隧道机电工程的建设中，隧道照明投资占据了总投资相当大的一部分。隧道采用遮阳棚后，引起了照明方案的调整，进而使照明投资减少，具体分析如表 9-14 所示。

表 9-14 灯具数量统计表

灯具型号	240W	160W	100W	50W
灯具单价/元 (包含安装费)	5300	3700	2500	1500
原照明方案/套	120	64	—	156+304
新照明方案/套	—	40	78	84+304

注：新方案考虑了遮阳棚段照明灯具数量。

原照明方案，灯具采购及安装费=$\sum$(灯具数量×灯具单价)=1562800 元=156.28 万元；新照明方案，灯具采购及安装费=$\sum$(灯具数量×灯具单价)=925000 元=92.5 万元

根据工程经验，灯具采购及安装费用，一般占照明系统造价的 60%，因此考虑遮阳棚，照明方案调整后，投资造价将减少(156.28−92.5)/60%≈102.05 万元。

2. 运营节能

隧道运营期间，照明能耗很大，给管养单位带来沉重的负担。隧道采用遮阳棚，照明方案调整，对用电量产生一定的影响，进行如下分析：

加强照明灯具每天开启 10h，基本照明灯具每天开启 24h，电费以 0.8 元/(kW·h)计。

原照明方案，一年用电量=(加强照明灯具功率×10+基本照明灯具功率×24)×365/1000=304118kW·h。

新照明方案，一年用电量=(加强照明灯具功率×10+基本照明灯具功率×24)×365/1000=200312kW·h。

一年节省电量为=原照明方案一年用电量−新照明方案一年用电量=103806kW·h。

一年节省电费为≈8.31万元。

即隧道运营十年可节省电量约103.81万kW·h，可节省电费约83.1万元。

3. 养护费用

隧道在运营的过程中，照明灯具会发生损坏，需要定期维护更换，且一般隧道照明设计年限为5年，因此可能在五年大量更换照明灯具。

假定每年灯具的破损率为5%，五年更换全部灯具，照明电缆等其他设施可重复利用，则产生的灯具养护费用计算如下：

原照明方案，十年灯具的养护费用为=灯具采购及安装费×(1+5%×10)=156.28×(1+5%×10)=234.42万元。

新照明方案，十年灯具的养护费用为=灯具采购及安装费×(1+5%×10)=92.5×(1+5%×10)=138.75万元。

十年节省的养护费用为：234.42−138.75=95.67万元。

4. 节省资金总估算

以十年为基准，考虑一次建设投资，运营电费以及管养维修费用，两个方案总资金投入比较，可节省费用为=一次建设投资减少费用+运营节省电费+节省养护维修费=102.05+83.1+95.65=280.82万元。

隧道照明投资节约102.05万元，投资降低了约38%，年运营费用减少约8.31万元，节能效果约为34.15%，运营养护费用年节省9.567万元/年。

第 10 章　总结与展望

10.1　总　　结

　　随着城市化建设进程的深入，大量的隧道投入运营，隧道照明作为能源消耗的主要方面，节能的重要性和紧迫性被越来越多的人所重视。在这种情况之下，如何解决城市隧道照明设计中存在的实际问题，实现节能减排的目标，是城市健康发展过程中需要解决的实际问题。因此，本书对城市隧道照明节能技术以及相应技术的实际工程应用进行梳理，以期推动隧道照明节能技术领域的技术进步。

　　(1) 本书首先从理论出发，通过分析驾驶员视觉、生理以及心理特性，给出了城市隧道眩光对驾驶员的影响，在此基础上引出了城市隧道防眩减光的技术要求。

　　(2) 从材料的光学性质出发，提出了多种针对城市隧道洞口的减光措施并对这些减光措施的设计要点进行了说明，然后从实际工程案例出发，清楚地展示了每种减光措施的设计计算方法与过程，为隧道洞口减光措施的设计施工提供了参考。

　　(3) 对城市隧道照明可选用的几种光源类型进行说明，通过对比不同照明光源的优缺点，最终提出了 LED 灯作为城市隧道照明光源更具有节能环保的优势。

　　(4) 通过对城市隧道照明亮度特性以及不同时段的调光要求进行分析，提出了城市隧道照明控制种类、方式以及方法。

　　(5) 介绍了导光管技术的原理、结构、类型以及光导照明的优势。在城市隧道应用中，光导管可以满足每天至少 8h 的自然光照明，可减少隧道照明灯具，节约照明能耗。然后给出了导光管的照明应用计算方法。

　　(6) 系统分析了蓄能反光材料在城市隧道中的应用前景，蓄能发光多功能涂料在隧道辅助照明的目的是使隧道拱墙自身具有一定的亮度，在降低照明功率的情况下，拱墙亮度不减，拱墙轮廓清晰可见，不影响司机的视觉，从而达到节能降耗的目的。

　　(7) 虽然明色路面铺装技术尚未在城市隧道中开展应用，但是国内外已有较多的研究表明：明色路面的使用可以适当地减少照明灯具的数量或者功率从而达到节能目的。本书对相应的研究成果进行了介绍说明，并对其节能效果进行了计算分析，验证了其良好的经济效益。

　　(8) 本书假想将照明节能技术应用到现有城市隧道中，通过与现场设计方案进行对比计算分析，最后的计算分析结果表明本书介绍的照明节能设计手段具有良好的节能效果，值得在今后的城市隧道建设中推广使用。

10.2 展　　望

对于城市隧道，照明费用占隧道运营费用 30%左右。随着城市规模的扩大，城市隧道的数量也不断增加，隧道照明已成为隧道运营管理的沉重负担。随着发展，人们也逐渐认识到城市隧道照明节能的重要性，专家和学者们也已经在照明节能方面开展了大量的研究和实践工作，但是某些研究工作还不够成熟，没有应用于工程实践。同时城市隧道工程的照明节能研究不仅仅是照明灯具以及相关材料的选择与控制，还涉及照明节能与驾驶员心理之间的关系。因此结合城市隧道照明节能的实际发展情况，尚可从以下几点开展后续的研究工作。

(1) 结合最新照明研究成果，完善城市隧道照明设计规范，建立健全的城市隧道照明评价体系，设计贴合各隧道实际情况的照明系统，做到因隧制宜。

(2) 虽然光导照明技术后期运营成本低，但是光导管的制作工艺复杂，成本极高，而且体积很重，架设不易，不利于大范围的推广使用。而且采光装置不能精确地对准太阳，造成了采集效率不高。很难进行后续的收集利用，难以传输较长的距离。此外光导传导需要精确的追光系统和较高的机械转动精度，这些也都是现有研究未能取得应用的关键问题。

(3) 城市隧道照明节能设计对驾驶员心理的影响还需要进一步研究探讨。

(4) 亮度指标的设计只考虑了驾驶员在隧道内安全行驶的因素，没有考虑隧道保养的因素。

参 考 文 献

[1] 洪开荣, 冯欢欢. 中国公路隧道近 10 年的发展趋势与思考[J]. 中国公路学报, 2020, 33(12): 62-76.
[2] Waldram J M. Visual problems in streets and motorways[J]. Illuminating Engineering Society (IES), 1962, 57:361-375.
[3] 张志红. 公路隧道照明节能技术研究[D]. 重庆: 重庆交通大学, 2007.
[4] 黄彦. 隧道照明过渡段人眼适应问题的研究[D]. 重庆: 重庆大学, 2013.
[5] Commission Internationale de L'Eclairage. CIE No.30.2 1998 Guide for the lighting of road tunnels and underpasses[S]. Vienna: CIE Publication, 1982.
[6] European Lighting Committee.European standards for tunnel lighting[S]. Brussels: European, Standards Institution, 1997.
[7] 中华人民共和国交通部. 公路隧道通风照明设计规范(JTJ026.1-1999)[S]. 北京: 人民交通出版社, 2000.
[8] 潘贝贝, 翁季. 公路隧道洞口减光措施的研究综述[J]. 灯与照明, 2013, 37(3): 18-23.
[9] 李伟. 公路隧道照明节能技术研究[D]. 江西: 华东交通大学, 2012.
[10] 许景峰, 宗德新. 浅探光导照明技术在隧道照明中的应用[C]. 2011(天津)四直辖市照明科技论坛论文集, 2011: 101-108.
[11] 江源, 殷志东. 光纤照明及应用[M]. 北京: 化学工业出版社, 2009.
[12] 李清. 视觉感知与平面设计[D]. 上海: 东华大学, 2001.
[13] 严守. 物体的颜色[J]. 技术物理教学, 2001, (2): 45-46.
[14] 覃仁辉, 王成. 隧道工程[M]. 5 版. 重庆: 重庆大学出版社, 2021.
[15] 胡洪瑞, 刘龙繁, 熊艳, 等. 不同道路环境下驾驶人眼动行为的研究[J]. 生物医学工程研究, 2016, 35(4): 255-259.
[16] 赵炳强. 驾驶员运动视觉特性与行车安全分析[J]. 交通管理, 1997, (4): 36-38.
[17] 孙春红.基于光气候理论的隧道洞外景物亮度研究[D]. 重庆: 重庆大学,2011.
[18] Patmos P. Glare and tunnel entrance lighting: Effects of straylight from eye, atmosphere and windscreen[J]. CIE-Journal, 1984.
[19] Jurado-Pina R , Pardillo-Mayora R M , Jimenez R . Methodology to analyze sun glare related safety problems at highway tunnel exits[J]. Journal of Transportation Engineering, 2010, 136(6):545-553.
[20] 初醒悟. 照明工程中的眩光及其评价方法[C]. 海峡两岸第十八届照明科技与营销研讨会专题报告暨论文集, 2011:210-218.
[21] Yoshimura Y. Technical trends of lighting theory for traffic tunnel entrance [J]. Journal of the Illuminating Engineering Institute of Japan, 1987, 71(3): 194-200.
[22] 方松, 马健霄. 城市隧道路段驾驶行为综合风险研究[J]. 道路与交通, 2019, 35(6): 67-71.
[23] 李英涛, 程国柱. 公路隧道出入口减光格栅段合理长度研究[J]. 公路工程, 2009, 34(5): 13-15, 20.

[24] 傅翼, 杨波, 陈云庆. 公路隧道照明眩光影响仿真与分析[J]. 现代隧道技术, 2014, 51(5): 150-154.
[25] 罗丹丹. 城市道路美化设计[J]. 环球市场信息导报, 2014, (26): 142.
[26] 艾杰, 杨宝林, 李玉平. 隧道出口减光防眩设计[J]. 隧道建设, 2009, 29(1):57-60.
[27] 郭创川. 遮阳棚在公路隧道洞口减光中的应用[J]. 广东公路交通, 2016, (4): 114-117.
[28] 黄曙东, 甘卫平, 戴立操. 道路交通事故的人因失误分析[J]. 人类工效学, 2006, 3: 39-41.
[29] 周德培. 隧道洞口绿化设计及工程实例[J]. 中国水土保持科学, 2006, 4(z1):52-55,66.
[30] 艾杰, 杨宝林, 李玉平. 隧道出口减光防眩设计[J]. 隧道建设, 2009, 29(1): 57-60.
[31] 黄欣. 高速公路隧道行车安全中遮光棚的种类分析[J]. 城市建设理论研究(电子版), 2012, (13).
[32] 彭子晖. 隧道自然光过渡设计浅议[J]. 地下工程与隧道, 2013, (2): 8-11.
[33] 黄必辉. 高速公路隧道LED照明节能技术研究[J]. 城市建设理论研究(电子版), 2011(36).
[34] 陈彦华, 谭光友. 公路隧道照明光源的选择[J]. 灯与照明, 2006, 30(3): 23-25.
[35] 韩直. LED公路隧道照明灯应用与技术条件研究[J]. 中国交通信息产业, 2007, (11): 30-31.
[36] 王少飞, 邓欣, 吴小丽. 公路隧道照明控制技术综述[J]. 公路交通技术, 2010, (2): 132-138, 146.
[37] 许景峰, 宗德新. 浅探光导照明技术在隧道照明中的应用[C]. 2011(天津)四直辖市照明科技论坛论文集, 2011: 101-108.
[38] 曹诗敏. 太阳能光导管性能研究[J]. 新材料新装饰, 2014, (11): 422-423.
[39] 刘志东. 光导照明系统的基本结构及工作原理[C]. 第十届中国科协年会光伏技术与照明节能技术论坛论文集, 2008: 51-58.
[40] 徐登辉, 刘志东. 光导照明系统的基本原理及使用概况[J]. 智慧建筑与城市信息, 2010, (6): 81-84.
[41] 向东. 公路隧道光导照明系统研究[J]. 建筑电气, 2012,31(7): 41-49.
[42] 梁波, 崔璐璐, 潘国兵, 等. 基于反光蓄光理念的辅助隧道节能照明理论与技术[J]. 现代隧道技术, 2014, 51(5): 15-22.
[43] 肖国志, 唐明道. 蓄光型自发光材料及制品发展概况[J]. 中国工程科学, 2003, 5(9): 82-86.
[44] 冯守中. 发光涂料在公路隧道节能照明中的应用技术研究[C]. 面向低碳经济的隧道及地下工程技术——中国土木工程学会隧道及地下工程分会隧道及地下空间运营安全与节能环保专业委员会第一届学术研讨会论文集, 2010: 9-14.
[45] 严竞雄, 陈楷仑. 蓄能发光多功能涂料在公路隧道中的应用[J]. 建筑·建材·装饰, 2017, (12): 186.
[46] 潘国兵, 梁波, 皮宇航, 等. 隧道侧壁内装材料的照明节能[J]. 公路交通科技, 2012,29(9):103-109.
[47] 王军, 冯守中. 隧道节能照明发光涂料施工工艺研究[C]. 面向低碳经济的隧道及地下工程技术——中国土木工程学会隧道及地下工程分会隧道及地下空间运营安全与节能环保专业委员会第一届学术研讨会论文集, 2010:160-163.
[48] 冯手中, 王军, 等. 一种蓄能发光涂料辅助公路隧道照明的设计方法[P].
[49] 孟秀元, 冒卫星, 刘立湘. 多功能储能式发光涂料在云岭1号隧道中的应用探讨[J]. 科技创新与应用, 2020, (34): 159-160.

[50] 张强, 陈雨人, 潘晓东. 色彩心理在道路交通安全中的应用[J]. 华东公路, 2005, (6): 65-67.
[51] 张曙光. 隧道路面的明色铺装技术的研究[D]. 重庆: 重庆交通大学, 2009.
[52] 蔡静. 新型路面材料彩色沥青的性能及应用可行性[J]. 广东建材, 2015, (6): 6-9.
[53] 李荣, 邹晓龙. 高亮度系数沥青路面的研究和应用[J]. 公路与汽运, 2012, (3): 102-104.